聖なる民、宝の民

出エジプト記〜申命記講解

長田栄一［著］

YOBEL, Inc.

はじめに

この度、礼拝説教の要旨をまとめ、書籍化することにしました。その経緯については「あとがき」に記しますが、結果的に旧約聖書の出エジプト記から申命記までの四書を講解する内容となっています。

聖書を理解するために参考となる書籍は無数にありますが、かなり専門的な内容のものも多く、一般の信徒が信仰の養いとするには難しすぎたり、日々の生活への適用が難しかったりする場合が多いように思われます。本書は、説教要旨がもとになっているので、比較的分かりやすく読んで頂けるのではないかと思います。

また、出エジプト記、レビ記、民数記、申命記の四書は、教会で断片的に語られることはあっても、まとまった連続講解説教が語られることはあまりないのではないでしょうか。その意味でも発行の価値があるのではないかと考えました。

この四書は、神の救済の歴史の中で大きな役割を果たすことになるイスラエル民族の出発点となる歴史を扱っています。出エジプトの出来事から始まり、荒野の旅、シナイ山での律法授与などを経、約束の地を目前にしての指導者モーセの死で終ります。

彼らの旅路を開始させ、最後まで導かれたのは神様です。彼らの父祖、アブラハム、イサク、ヤコブとの約束を覚え、彼らを救い、導かれる神の御姿がこれらの書には鮮やかに示されています。

神様はイスラエルの民を「聖なる民」と呼び、「宝の民」と呼ばれました（申命記七・六）。彼らはそう呼ばれるにふさわしい民だったかと言えば、聖書を読む限り決してそうは思えない者たちでした。神に背き、不信仰と不従順を重ね、罪深い生活にすぐさま落ち込むことを繰り返しました。しかし、そうではあっても彼らを「聖なる民」と呼び続け、「宝の民」と呼び続ける神の御姿が示されています。

現代の日本で神を信じ従おうとする私たち信仰者も、時にこのようなイスラエルの民の姿に重なることがあります。しかし、忍耐深く、真実をもって導かれる神の御姿を仰ぐことにより、私たちはいつも信仰の原点に立ち返ることができます。自らの信仰の歩みが神の恵みとあわれみによって支えられていることを知らされます。そして、その恵みに何とかお応えしたいと、立ち上がることができます。

本書を読まれる方が、神の恵みと御心をなお深く知り、その信仰を励まされ、神と共に生きる生涯を喜びをもって続けていかれますように、また、本書がそのために少しでも用いられますようにお祈りします。

聖なる民、宝の民——出エジプト記～申命記講解

目次

書評再録　巻末

広大な「聖書の森」を貫く道、「神と共に生きる」で提示　評者：鎌野善三

長田栄一『神と共に生きる――聖書の基本がわかる十七話』

※この本において引用されている聖書は、
特に断りのない限り、『聖書　新改訳２０１７』（新日本聖書刊行会）です。

聖なる民、宝の民――出エジプト記〜申命記講解

第1回　神のみわざへの備え

出エジプト記一・八－一四、二・一－一〇、二三－二五

「どこに神のみわざがあるだろうか」と感じる時期が、教会の歴史の中にも、個人の歩みの中にもあります。しかし、そういう時に神のみわざへの備えがなされているということがしばしばあります。

イスラエル民族の出発点となるエクソダス（出エジプト）の出来事も、一見、突然起こったように見えます。しかし、出エジプト記の最初の数章を読めば、決してそうではなく、神の御手の中でいくつかの備えがあったことを知ることができます。

当時、イスラエルの民が直面していた状況は過酷なものでした。イスラエルと呼ばれたヤコブの子孫は、エジプトの地で増え広がっていました。重い労役を課しても益々増え広がるこの民に、ファラオもエジプトの人々も恐怖さえ感じ、いよいよ彼らに過酷な労働を課します。このような状況の中、イスラエルの民はどのようにしても変えることができない厳しい状況の中にあることを感じたでしょう。うめき、嘆きの中、苦境を神に訴えますが、その訴えは天に届いていないように思われました。しかし、そのような中で、神のみわざのための備えがなされていました。

一、人の備え

第一の備えはモーセの誕生でした。彼は後に、エジプト脱出のための指導者となりますが、その誕生は厳しい状況下で起こりました。と言うのも、イスラエルの民が増え続けることに脅威を覚えたファラオは、この民に、生まれたすべての男の子をナイル川に投げ込むよう命じたからでした。

モーセの両親は、誕生した男の子のかわいさゆえに三か月隠しますが、遂に隠し切れず、パピルスのかごに樹脂などを塗って、その子を中に入れ、ナイル川の葦の茂みの中に置きます。ここで奇跡が起きます。ファラオの娘が水浴びをしようとナイル川に降りてきます。かごを見つけ、中の子どもを見たとき、それがヘブル人（イスラエルの民）の子どもだとすぐに気づきます。しかし、泣いている男の子を見てかわいそうに思った彼女は、何とかしたいと考えます。

その様子を見守っていた男の子の姉は、機転をきかせ、彼女の前に出て行って、「あなたのためにヘブル人の中から乳母を呼んできましょうか」と尋ねます。「行ってきておくれ」と言われた時、お姉さんが連れてきたのは、当然ながら母親でした。こうして、モーセは乳離れするまでは母親のもとで、その後はファラオの娘（王女）の子として育つことになります。

モーセという名は、王女が名づけたものです。

王女はその子をモーセと名づけた。彼女は「水の中から、私がこの子を引き出したから」と言った。（出エジプト記二・一〇）

すなわち、「引き出す」という意味のヘブル語「マシャ」から、モシェ（モーセ）という名前を付けました。王女はおそらくヘブル語を理解しなかったでしょう。手近にいた通訳者に尋ねたのかもしれません。いずれにしても、「水の中から引き出した」という意味でモーセと名づけました。このモーセが、イスラエルの民をエジプトでの過酷な状況から「引き出す」ことになろうとは、王女も分かりませんでした。

王女は自分がモーセを水の中から引き出したと考えました。しかし、実際には神がモーセを水の中から引き出されたと言えます。こうして、神のみわざのために指導的な役割を果たす人物が備えられることになります。

二、人の訓練

モーセは王女の息子として、「エジプト人のあらゆる学問を教え込まれ」ました（使徒七・二二）。そのことは、後にファラオとのやり取りを重ねる上でも、イスラエルの民の指導者となるためにも、役立ったことでしょう。しかし、それだけでは、「神の人」としての働きには間に合いませんでした（詩篇九〇篇 表題参照）。

そのことを立証する出来事が出エジプト記二章後半に記されます。王女の息子として育てられたモーセは、自分がヘブル人であることを知っていました。大人になったある日、ヘブル人の一人がひとりのエジプト人に打たれているのを目にした時、彼はエジプト人を打ち殺してしまいます。同胞を思う余りの行動でしたが、このことはファラオの耳に入り、怒りを買います。モーセは自分を殺そうとするファラオの動きを知り、ファラオのもとを逃れ、ミディアンの地に隠れ込みます。彼はこの地でミディアン人の娘と結婚し、家庭を持ちながら、八〇歳になるまで羊飼いとして過ごすことになります。

血気盛んで、行動力もあった若い時代に、神様はモーセを用いられませんでした。自分の無力さを知らされ、神により頼むことを学んではじめて、彼は指導者として立てられます。多くの知識や行動力など、様々な賜物が神様の御手の中で用いられることはあります。しかし、神の導きを求めず、一時の感情で動くようでは神のみわざに間に合いません。神の御手の中で信仰の歩みを導かれ、育てられ、訓練されることが必要です。

三、神の時

最後に、神のみわざのためには「神の時」があります。

それから何年もたって、エジプトの王は死んだ。イスラエルの子らは重い労働にうめき、泣き叫んだ。重い労働による彼らの叫びは神に届いた。神は彼らの嘆きを聞き、アブラハム、イサク、ヤコブとの契約を思い起こされた。神はイスラエルの子らをご覧になった。神は彼らをみこころに留められた。（出エジプト記二・二三－二五）

「彼らの叫びは神に届いた」とあります。しかし、それまでに「何年もたって」いました。それまで、彼らが嘆かなかったということはないでしょう。彼らが神に訴えなかったということでもないでしょう。そして、神様が彼らの叫びに気づかなかったということでもないはずです。しかし、この時になってはじめて、「彼らの叫びは神に届いた」とは、「神の時」が来たことを意味します。

長い年月、過酷な状況が変わらないのを見て、彼らは自分たちの訴えが天に届いていないように思われたかもしれません。しかし、決してそうではなく、「神の時」が備えられていたということです。

モーセを殺そうとしたファラオが死にました。イスラエルの民の叫び、訴えは、それまでも天に届いていましたが、神の時が来ました。それは、神様が行動を起こされる時でした。それは、アブラハム、イサク、ヤコブたちに繰り返し語ってきたように、彼らの子孫を約束の地カナンに増え広がらせるという約束を成就する時でもありました（創世記一五・一三－一六）。

今、私たちの置かれた状況が厳しいものであっても、神のみわざのための備えがあることを覚えましょう。一人ひとりが喜んで神のご訓練を頂き、育てて頂きましょう。神の時を待ち望みつつ、信頼して祈り続けましょう。

◇「祈っても物事は変わらない」と感じたことがありますか。

◇出エジプトの指導者として立てられた時のモーセの年齢を確認しましょう。（出エジプト記七・七）

◇大きな神のみわざを見る備えとして、今自分にできることは何だと思いますか。

第2回　遣わす神　出エジプト記三・一－一二

エジプトの地で苦しむイスラエルの人々のために、神様が行動を起こす時が近づいていました。ここでまず神様は、イスラエルの指導者としてモーセを立て、イスラエルの民に、そしてファラオに対して彼を遣わされます。

現代も、神はご自分のみわざのために人を立て、遣わされます。神が人を遣わされるとき、それはどのようであるのか、モーセの場合を見ながら確認しましょう。

一、引き寄せる神

モーセはミディアンの祭司、しゅうとイテロの羊を飼っていた。彼はその群れを荒野の奥まで導いて、神の山ホレブにやって来た。すると主の使いが、柴の茂みのただ中の、燃える炎の中で彼に現れた。（出エジプト記三・一、二）

神が人を遣わされる場合、その前に、人をご自分に引き寄せられるのが通例です。モーセの場合もそうでした。

彼が神の山ホレブ、すなわちシナイ山に来たのは、一見、偶然のように思われます。すなわち、彼は羊の群れを導いている間に、たまたまシナイ山にやってきたようです。しかし、そのことも神の導きの中でのことだったのでしょう。そのところで神は、「柴の茂みのただ中の、燃える炎の中で」モーセに現れました。

不思議なことがありました。「燃えているのに柴は燃え尽きていなかった」と言います。それでモーセは、「近寄って、この大いなる光景を見よう。なぜ柴が燃え尽きないのだろう」と言って、柴の方に近づきます（出エジプト記三・二、三）。近寄ろうとしたのはモーセのほうであるように見えます。しかし、実際は神がモーセを引き寄せられました。

近づくモーセに神は声をかけられます。「モーセ、モーセ」。「はい、ここにおります」と答えるモーセに、神は仰せられます。「ここに近づいてはならない。あなたの履き物を脱げ。あなたの立っている場所は聖なる地である」（出エジプト記三・四、五）。

実際のところモーセがその場所に近づくようにされたのは神様でしたが、「ここに近づいてはならない」と言われます。神に近づくことは、不用意になすべきではないということでしょう。履き物を脱ぐとは、自分をしもべの立場に置くことです。聖なる神がおられる場所であることを覚えて、敬虔な態度を表明することです。

モーセがそのようにしたとき、神様はご自分を示されます。「わたしはあなたの父祖の神、アブラハムの神、イサクの神、ヤコブの神である。」モーセは顔を隠します。「神を仰ぎ見るのを恐れたから」とあります（出エジプト記三・六）。聖なる神を仰ぐことは恐るべきことですが、神様はその場所にまでモーセを引き寄せられました。

二、遣わす神

モーセを引き寄せられた神様は、まずイスラエルの民が置かれている状況をモーセに示されます。

主は言われた。「わたしは、エジプトにいるわたしの民の苦しみを確かに見、追い立てる者たちの前での彼らの叫びを聞いた。わたしは彼らの痛みを確かに知っている。」（出エジプト記三・七）

「民の苦しみ」がありました。「彼らの叫び」、「彼らの痛み」がありました。それらのものを神様は見、聞き、知っておられました。このような民の苦しみ、痛みは、モーセも知らないものではありませんでしたが、改めてモーセにそれらを示されました。

このような民を救い出すために、神様は行動を起こそうとしておられました。モーセのもとにご自分を現わされたのもそのためでした。「わたしが下って来たのは、エジプトの手から彼らを救い出し、その地から、広く良い地、乳と蜜の流れる地に（略）彼らを導き上るためである。今、見よ、イスラエルの子らの叫びはわたしに届いた。わたしはまた、エジプト人が彼らを虐げている有様を見た。」（出エジプト記三・八、九）これまで叫びが届いていなかったわけではない、彼らの苦しい状況を見ておられなかったのでもない、しかし、この時、苦しむ彼らのために行動を起こす時が来たということです。

そして、イスラエルのための救済のみわざのために、神様はモーセを立て、遣わそうとしておられました。

今、行け。わたしは、あなたをファラオのもとに遣わす。わたしの民、イスラエルの子らをエジプトから導き出せ。（出エジプト記三・一〇）

今、神様は、神なき世界に生きる人々の叫びを聞いておられます。そして、イエス・キリストの福音により彼らを救おうとしておられます。そのために、「わたしは、あなたを……遣わす」と言われます。私たちはこの神の招きに、どうお応えするでしょうか。

三、派遣のしるし

以前のモーセであれば、このような神様の御声に「待ってました」とばかりに反応したかもしれませんが、自分の無力を痛感していた彼は、こう答えます。「私は、いったい何者なのでしょう。ファラオのもとに行き、イスラエルの子らをエジプトから導き出さなければならないとは。」（出エジプト記三・一一）この時、神様は次のように語られます。

神は仰せられた。「わたしが、あなたとともにいる。これが、あなたのためのわたしのしるしである。このわたしがあなたを遣わすのだ。あなたがこの民をエジプトから導き出すとき、あなたがたは、この山で神に仕えなければならない。」（出エジプト記三・一二）

ここで神様は、遣わされることにしり込みするモーセに、派遣のためのしるしを与えておられます。「わたしが、あなたとともにいる。これが、あなたのためのしるしである。」全能の神、聖なる神、父祖たちに対する約束を忠実に果たされる神……その方がモーセとともにおられるならば、何も恐れる必要はないはずです。自分の無力さを覚え、遣わされるための何も持ち合わせていないことを痛感していたモーセに対して、それはこれ以上なく力強い「しるし」でした。

イエス・キリストが十字架に死に、よみがえって、弟子たちに宣教の使命を与えられたときも同様でした。「行って、あらゆる国の人々を弟子としなさい。（略）見よ。わたしは世の終わりまで、いつもあなたがたとともにいます。」（マタイ二八・一九、二〇）

福音を携え、世に遣わされようとする私たちも、モーセと同じ気持ちになるのではないでしょうか。人々の心を闇の中に閉じ込め、福音の輝きを見えなくしている力の大きさを私たちは知っています。自らの無力を覚え、神の招きにしり込みしたくなります。しかし、そのようなことをご存じのうえで、神様は私たちを世に遣わされます。「わたしが、あなたとともにいる。これが、あなたのためのしるしである。」

信仰をもって神の招きにお応えしましょう。

◇親から「おつかい」を頼まれたことがありますか。それを引き受けましたか。
◇モーセに神が語られた言葉、「わたしが、あなたとともにいる。これが、あなたのためのしるしである」（出エジプト記三・一二）とは、どのような意味だと思いますか。
◇福音を携え、世にキリストを証しするようにとの神の招きに、あなたはどうお応えしますか。

第3回　神の名

出エジプト記三・一三－一八

ホレブの山（シナイ山）で神と出会ったモーセは、ファラオのもとに行き、イスラエルの民をエジプトから導き出すよう命じられました。大変な困難が予想されました。「わたしがあなたとともにいる」との神様の励ましを頂いても、モーセにはなお不安があり、戸惑いがありました。

モーセは神に言った。「今、私がイスラエルの子らのところに行き、『あなたがたの父祖の神が、あなたがたのもとに私を遣わされた』と言えば、彼らは『その名は何か』と私に聞くでしょう。私は彼らに何と答えればよいのでしょうか。」（出エジプト記三・一三）

モーセは、ファラオの前に出る以前に、イスラエルの民の前に出て行かなければなりません。彼は、その時イスラエルの人々から一つの質問が出ることを予想しました。「その名は何か」、すなわち「あなたを遣わされた神の名は何か」というものでした。

この問いは、単に神の呼び名を尋ねるという以上の意味を持ったでしょう。「あなたは本当に神に出会ったのか、それはどういう神様だったのか」という問いです。モーセがこの点を尋ねたとき、神様はどのようにお答えになったでしょうか。

一、「わたしはある」という者

神はモーセに仰せられた。「わたしは『わたしはある』という者である。」また仰せられた。「あなたはイスラエルの子らに、こう言わなければならない。『わたしはある』という方が私をあなたがたのところに遣わされた、と。」（出エジプト記三・一四）

神様のお答えは少々奇妙なものでした。「わたしは『わたしはある』という者である」というお答えもそうです。また、「『わたしはある』という方が私をあなたがたのところに遣わされた」と言うようにというご命令も、少々変に聞こえます。

この箇所は、実は翻訳が随分難しい箇所です。以前の翻訳では「わたしは、有ってある者」と訳されていました（口語訳聖書）。いずれにしても、分かったような、分からないような表現です。

しかし、こう考えたらどうでしょうか。今、モーセが遣わされようとするのは大きな勢力を誇るエジプトの国であり、その頂点に立つファラオでした。モーセだけでなく、イスラエルの人々にとっても、その力は絶対的であり、目の前には大きな壁が立ちふさがるように思えたことでしょう。

しかし、モーセを遣わされるのは、「わたしはある」というお方。万物の創造者として、すべての存在の根源におられるお方。造られることなくして存在する唯一のお方です。

エジプトがどれほど強大であり、ファラオの権力がどれほど絶対的なものであったとしても、神の許しの中で存在させられているものに過ぎません。「わたしはある」というお方が遣わされるのであれば、事は成っていくと考えるほかありません。

神はまずモーセに、そのようなお方としてご自分を示されました。

二、父祖の神、主（ヤハウェ）

続いて神は言われました。

神はさらにモーセに仰せられた。「イスラエルの子らに、こう言え。『あなたがたの父祖の神、アブラハムの神、イサクの神、ヤコブの神、主が、あなたがたのところに私を遣わされた』と。これが永遠にわたしの名である。これが代々にわたり、わたしの呼び名である。

（出エジプト記三・一五）

ここで「**主**」というお名前が太字になっています（新改訳聖書）。これは、ヘブル語で神聖四文字と言われる神のお名前が記されていることを示しています。ヘブル語は母音を記さず、子音だけで表記するため、正確な発音は不明ですが、「ヤハウェ」と発音されていたのではないか、などと言われます。「わたしはある」というヘブル語は「エヘイェ」で、よく似ています。「わたしはある」という意味を持った名前として、このお名前を示されたということでしょう。

しかし、神様はここで、「ヤハウェ」という名前に、さらに長いお名前を付けておられます。「あなたがたの父祖の神、アブラハムの神、イサクの神、ヤコブの神」という名前です。これもまた見逃せない、大切な点です。

万物の創造者、あらゆる存在の根源であられるお方であれば、人間の知恵も力も及ばない方であることは明らかです。しかし、このお方は同時に人間に近づいてくださる方です。メソポタミヤ地方に生きた一人の人、アブラハムの前にご自分を示し、その子孫の祝福を約束くださった神様。それから数百年を経てもその約束をお忘れにならず、約束を実行しようとしてくださる方。絶対的なお方でありながら、小さな私たちに目を留め、近づいてくださる方です。

三、ともにいる

ファラオの前に出、イスラエルの民をエジプトから導き出すという、目も眩むような使命を与え、神はモーセを遣わそうとしておられました。イスラエルの人々が「その名は何か」と問うであろう状況の中で、モーセは神様のお名前を尋ねました。

神様はモーセの問いに正面から答えられました。「わたしはある」という者だ、「あなたがたの父祖の神」、「ヤハウェ（主）である」とのお答えでした。

実は、神様が最初にモーセに派遣のご命令を与えられたとき、語られたお言葉も、これらの言葉と関係がありました。

神は仰せられた。「わたしが、あなたとともにいる。これが、あなたのためのしるしである。このわたしがあなたを遣わすのだ。あなたがこの民をエジプトから導き出すとき、あなたがたは、この山で神に仕えなければならない。」（出エジプト記三・一二）

「わたしが、あなたとともにいる」という言葉は、「わたしはある」というお言葉を含んでいます。

万物を存在あらしめておられる神、父祖たちに現れ、その約束を忠実に果たそうとしておられる神が、「あなたとともにいる」……これはモーセにとって大きな励ましとなったはずです。

私たちも、信仰者として現代の世界に遣わされた者です。神を証しする者、福音を証しする者として遣わされています。「わたしはある」というお方、私たちに近づき、語らい、真実に導いてくださる神様が、「あなたとともにいる」とお約束くださいます。励ましを頂き、遣わされてまいりましょう。

◇信仰の証しをするのに躊躇や恐れを感じることがありますか。

◇この時神が示された名（ヤハウェ、新改訳聖書では太文字の「主」）は、この前にも後にも沢山出て来ることを確認しましょう。

◇信仰を持たない方から「あなたの信じる神様はどんな方」と問われたら、一言で何と答えたいですか。

第4回　派遣のためのサポート

出エジプト記四・一―一七

神のお名前について、力強い答えを頂いたモーセは、それでも不安をぬぐい切れません。正直に訴え、異議を唱えるモーセに対して、神様は忍耐深くつき合われ、その度に具体的なサポートの提供を示されます。

神を証しする者として世に遣わされようとするとき、私たちもモーセと同じような不安を覚えます。しかし、私たちを遣わされるとき、神様は必要なサポートなしに遣わされるのではありません。派遣のための具体的なサポートを備えてくださいます。

一、派遣のしるし

モーセは神様に訴えます。

モーセは答えた。「ですが、彼らは私の言うことを信じず、私の声に耳を傾けないでしょう。むしろ、『主はあなたに現れなかった』と言うでしょう。」（出エジプト記四・一）

イスラエルの人々から「本当に神があなたに現れたのか」と問われたら、答えるすべがないという訴えです。神様はこれに対して、三つのしるしを備えられます。杖を蛇に変えるしるし、手を皮膚病にしたり戻したりするしるし、ナイル川の水を血に変えるしるしです。これらは、本当に神様がモーセに現れ、遣わされたことのしるしとなるだろうと語られました。後に実際、モーセがイスラエルの人々の前に出て行ったとき、これらのしるしを行いました。それによって、イスラエルの人々はモーセの言葉を信じることができました（出エジプト記四・三〇、三一）。

私たちが神の言葉を人々に伝えたとしても、多くの人はそれを真剣に受け止めないかもしれません。しかし、私たちが求めるなら、神様は私たちを遣わしたしるしを与えてくださいます。もちろん、モーセが行なったようなしるしができるわけではないでしょう。しかし、見逃してならないのは、神様は最初からモーセにもっと根本的なしるしを示しておられたことです。すなわち、最初から神は「わたしが、あなたとともにいる。これが、あなたのためのしるしである。」と告げておられました（出エジプト記三・一二）。

私たちは、モーセと同じようなしるしはできないかもしれません。しかし、私たちが日々神の臨在を覚えながら生きるとき、人々にこのしるしを示していくことができるのではないでしょうか。神の臨在は、私たちを導き、守り、養います。そのことは人々の目に少しずつではあっても明らかになっていきます。それによって人々は、「神がこの人々と共におられる。」と受け止めるようになります。私たちは小さな存在ですが、このしるしが豊かに現されるよう祈り求めましょう。

二、語るべき言葉

続いてモーセは訴えました。「ああ、わが主よ、私はことばの人ではありません。以前からそうでしたし、あなたがしもべに語られてからもそうです。私は口が重く、舌が重いのです。」（出エジプト記四・一〇）。神様から与えられた使命を果たすためには、イスラエルの人々を説得し、ファラオに対して語りかける必要がありました。訥弁であることは、これらの働きの妨げになるように思われたことでしょう。モーセの訴えに対する神のお答えは、以下のようなものでした。

「人に口をつけたのはだれか。（略）今、行け。わたしがあなたの口とともにあって、あなたが語るべきことを教える。」（出エジプト記四・一一、一二）

モーセはまるで神様が自分のことをよくご存じないかのように訴えましたが、人に口をつけたのは神様です。モーセが訥弁であることも先刻ご承知でした。語るべき言葉を与えるから大丈夫だと言われました。

「わたしがあなたの口とともにあって」という言葉も注目すべきものです。ここにも、「わたしはある」が含まれています。「わたしが、あなたとともにいる」と言われた神は、モーセの口とも共にあろうとしておられました。そうだとしたら、何を恐れる必要があるのか、ということです。

三、助け手

モーセの訴えの一つひとつに神様は丁寧に答えてこられました。その結果、モーセは神に訴えるべき具体的なものがなくなってしまいました。しかし、それでもモーセはどうしても神の召しに答えたくありませんでした。「ああ、わが主よ、どうかほかの人を遣わしてください。」（出エジプト記四・一三）

「主の怒りがモーセに向かって燃え上がり」とあります（出エジプト記四・一四）。不信仰の穴から抜け出そうとしないモーセに、神様もついに怒りを示されました。しかし、同時に、彼のためにもう一つのサポートを提供されます。

あなたの兄、レビ人アロンがいるではないか。（略）彼があなたに代わって民に語る。彼があなたにとって口となり、あなたは彼にとって神の代わりとなる。（出エジプト記四・一四、一六）

モーセの兄アロンは雄弁な人だったようです。神様は、アロンがモーセのスポークスマンとして立つであろうと告げられました。

本来、神が共にいますこと以上の助けは不要なはずです。しかし、人間の弱さをご存じの神様は、私たちに助け手を備えてくださいます。それは神に頼らなくてよいということではありません。必要な助け手を備え、私たちが使命をはたすことができるよう支えてくださる神に信頼するよう、招いてくださいます。

宣教の使命を果たすことができるよう、神様は私たちにも信仰の仲間を備えてくださいました。それぞれの使命が果たされるよう、信仰の仲間と祈り合い、助け合うことは大切です。私たちを世界に派遣される神様は、必要なサポートをも備えてくださるお方です。信仰に立って、神からの召しに応答しましょう。

◇誰かに何かするように命じられても、実行のための必要なサポートがなかった経験がありますか

か。
◇モーセに与えられたサポートの中で、最もあなたの心に留まったものはなんですか。
◇今、あるいは将来、神様がするように招いておられると感じることがありますか。それはどのようなことですか。

第5回　神を知る機会

出エジプト記七・一―七

神のご命令を受け、イスラエルの人々をエジプトから導き出すべく、モーセは遂に立ち上がります。兄アロンと共にイスラエルの人々に神の言葉を伝えると共に、ファラオの前に出て行き、イスラエルの民を去らせるよう要求します。しかし、当然のことながら、ファラオは容易に彼らを去らせようとはしません。逆にイスラエルの民に対して苦役を重くする措置を取ります。

事態が悪化したのを見たイスラエルの民は、モーセたちを非難します。モーセはこの事態を神に訴えます。これに対して神様は次のように言われます。

わたしはファラオの心を頑なにし、わたしのしるしと不思議をエジプトの地で数多く行う。

（出エジプト記七・三）

すなわち、この時からエジプトの国に、次々に不思議な出来事、災いが起こり始めます。それでもファラオはイスラエルを去らせませんので、ますます大きな災いが起こり、結果的には十の災いが起こります。十番目の最期の災いは、国中の初子が死ぬという恐ろしいもので、遂にファラオはイスラエルを去らせるに至ります。

しかし、ここで神は不思議なことを語っておられます。「わたしはファラオの心を頑なにし」と言われています。ファラオが心を頑なにしたので、なお大きな災いが起こったということは理解できます。しかし、神がファラオの心をあえて頑なにされたのだとすれば、それはなぜだったのでしょうか。いくつかのことを考えることができます。この点を手がかりに、神様がどのようなお方なのか、確認しましょう。

一、エジプトへのさばき

しかし、ファラオはあなたがたの言うことを聞き入れない。そこで、わたしはエジプトに手を下し、大いなるさばきによって、わたしの軍団、わたしの民イスラエルの子らをエジプトの地から導き出す。（出エジプト記七・四）

次々に起こる災いは、ある面、エジプトに対する神のさばきであったということです。

一つには、エジプトの人々はイスラエルの民に重い労役を課して苦しめました。重い労働にうめき、イスラエルの人々の叫びが天に届いた結果、神は彼らを救い出すべく立ち上がられました（出エジプト記二・二三－二五）。

もう一つは、エジプト中に満ちていた偶像礼拝を挙げることができます。古代エジプトには二千以上の神々があったと言われます。たとえば最初の災いは、ナイル川の水を血に変えるというものでした。ナイル川はエジプトの人々にとって食料をもたらし、命を与えるもので、エジプトの神々と深いかかわりがあるとされていました。また、五番目の災いは、エジプトで大切にされていた家畜に重い疫病が起こるというもの。これらの動物のあるものは神聖なものと考えられていました。九番目の災いは、国中を闇が覆うというもので、これは太陽神へのさばきと考えることもできます。最後のエジプト中の長子を打つというさばきは、人から家畜にまで及び、それは「エジプトのすべての神々にさばきを下す」ことだと明言されました（出エジプト記一二・一二）。こう考えるとき、これらは「神々へのさばき」であり、偶像礼拝に満ちたエジプトに対するさばきであったと考えることができます。

二、イスラエルが神を知るため

同時に、ここで神様はイスラエルの民について「わたしの軍団、わたしの民」と呼んでいます（出エジプト記七・四)。彼らは神様にとって大切な存在であり、何としても守り抜きたいという神のご意志を感じ取ることができます。

しかし、イスラエルの民はと言えば、当初、神様のそのような御思いを受け止めることができませんでした。最初は、一時的に事態が悪化したのを見て、モーセたちに文句を言うような状態でした。けれども、次々に起こる災いを見て、彼らも少しずつ神のご計画に心を向けるようになりました。ある災いは、エジプトの人々の上にはくだりましたが、イスラエルの人々は災いから守られました。(四番目のアブの災い、五番目の家畜への疫病、七番目の雹、九番目の闇、そして十番目の初子の死。)これらの「しるしと不思議議」(三節)を通して救われたイスラエルの民は、神の大いなる御力を知りました。同時に自分たちがいかに神様から大切に思われているかを覚えたでしょう。

「出エジプト」は、イスラエルの民にとって原点となる出来事です。彼らの歴史は苦難に満ちていましたが、その中で彼らは何度もこの原点に帰りました。これらの不思議な出来事を通してエジプトから救い出されたと、何度も振り返りました(詩篇一〇五・二七、一三五・九)。エジプトで見た十の災いは、イスラエルの民にとって神を深く知り、覚える機会となりました。

三、エジプトが神を知るため

しかし、もう一つ見逃せない点があります。神様は次のようにも語っておられるからです。

わたしが手をエジプトの上に伸ばし、イスラエルの子らを彼らのただ中から導き出すとき、エジプトは、わたしが**主**であることを知る。（出エジプト記七・五）

ここで神は、「エジプトは、わたしが**主**であることを知る」と語っておられます。エジプト中に次々に災いが起こる中で、イスラエルの民も神様を知ることになりましたが、同時にエジプトもまた神様を知ることになりました。

当初、モーセたちを通してイスラエルを去らせるようにとの神の言葉を伝えられたとき、ファラオは言いました。「**主**とは何者だ。私がその声を聞いて、イスラエルを去らせなければならないとは。私は**主**を知らない。イスラエルは去らせない。」（出エジプト記五・二）

しかし、エジプト中に災いが繰り返される中で、エジプトの人々の中にも、神を恐れる者が現われました。最初はモーセの警告に心を止めなかった彼らの中からも、モーセが語る災いの予告に耳を傾ける者が出てきました。雹の災いが予告されたとき、一部のエジプト人は家畜を家に避難させました（出エジプト記九・二〇）。度重なる災いを見て、家臣の中からもイスラエルの民を去らせた方が得策であると提言する者も出てきました（出エジプト記一〇・七）。最終的に長子が死ぬ悲劇が起こったとき、彼らはモーセを尊敬し、イスラエルの人々を大切に扱うようになっていました（出エジプト記一一・三）。

ファラオをはじめエジプトの人々は、概ね最後まで神様に対して反抗的だったと言えます。しかし、神様は彼らのことをも心にかけておられました。後に、預言者イザヤは、神の救いのご計画の中にエジプトも含まれていると預言しました（イザヤ書一九・二一－二三）。さらにその後、イエス・キリストを通して神に立ち返るための救いが備えられたとき、エジプトを含め、世界中の人々がこのキリストを知るようにと招かれることとなります。

神様の御思いは大きく、また深いものであり、人の思いや理解を越えています。しかし、その中でも神様はご自分を私たちに示し、ご自分に立ち返るよう招いてくださいます。このお方をいよいよ深く知らせていただきましょう。

◇何かのきっかけで、それまでよりも神をより深く知ったという経験がありますか。
◇エジプトに起こった十の災いについて、心に留まった点がありますか。
◇神様をより深く知りたいという願いがありますか。

第6回　記念すべき救い

出エジプト記一二・一―一四

イスラエルの人々にとって、出エジプトの出来事は単に過去の出来事にとどまらず、毎年記念すべき大切な出来事でした。実は、神様は出エジプトの出来事を実現なさる前に、既に、この出来事を記念するための祭りを行うべきことを示されていました。それが過越の祭りでした。

この日は、あなたがたにとって記念となる。あなたがたはその日を**主**への祭りとして祝い、代々守るべき永遠の掟として、これを祝わなければならない。（出エジプト記一二・一四）

千数百年後、エルサレムの町でイエス・キリストは弟子たちと過越の食事を共にされました。それは十字架上での死の前日のことで、その食事会は後に「最後の晩餐」と呼ばれるようになりました。私たち信仰者は、この日、キリストがパンとぶどう酒を弟子たちに分かち与えながら、「新しい契約」を結ばれたことを覚えています。そして、キリストがなしてくださった救いの恵みを覚えながら、記念の式を行います。それが聖餐式です。私たちが定期的に聖餐式を行うのも、キリストが「わたしを覚えて、これを行いなさい」と言われたからです（Ｉコリント一一・二四、二五）。

イスラエルの人々にとって、過越の祭りによって思い返すことのできた出エジプトの出来事は、どのようなものだったのでしょうか。

一、歴史の出発点

この月をあなたがたの月の始まりとし、これをあなたがたの年の最初の月とせよ。

（出エジプト記一二・二）

出エジプトの出来事を記念し、この出来事のあった月が年の最初の月とされました。この時の「月」は月の満ち欠けに基づくもので（太陰暦）、月が見えない新月から始まり、半月経つと満月となります。過越の祭りが十四日に行われるのは、出エジプトの出来事が満月の夜に起こったことを意味します。

出エジプトの出来事のあった月を、年の最初の月とするということは、この出来事をイスラエル民族の歴史の出発点とするということでしょう。それほどに、出エジプトの出来事はイスラエルの民にとって大切なものでした。それがなければ、エジプトで奴隷状態のままであり、民族としての誇りを持つこともできなかったでしょう。神の大きな恵みを覚えて、年ごとに過越の祭りを祝ったのも当然でした。

キリスト者にとって、キリストの救いは同じ意義を持っています。それがなければ、罪と死の支配下に置かれたままでした。キリストの死と復活を通して、罪の赦しと新創造の恵みを頂いて、私たちは神の子としての歩みをスタートすることができました。事あるごとにこの原点に返らせて頂き、神をほめたたえましょう。

二、家ごとに羊を

イスラエルの全会衆に次のように告げよ。この月の十日に、それぞれが一族ごとに羊を、すなわち家ごとに羊を用意しなさい。(出エジプト記一二・三)

過越の祭りにおいては、家ごとに羊を用意しました。「一人ひとりが食べる分量に応じて、その羊を分け」(出エジプト記一二・四)、羊が余るようであれば隣りの家の人と分け合うようにしました。また、全員が種なしパンを食しました。彼らはそのようにしながら、神によってエジプトから救い出された民として、神の恵みを共有していることを確認し合ったことでしょう。

聖餐式において、パンとぶどう酒（汁）を分かち合うことは、同じ意義を持っています。私たちはキリストの十字架の死と復活を通して、罪と死との支配から解放され、神の民として一つとされました。キリストの裂かれた体、流された血によって一つとされた私たちであることを、聖餐式のたびに思い起こすことができます。

三、血による救い

その血を取り、羊を食べる家々の二本の門柱と鴨居に塗らなければならない。

（出エジプト記一二・七）

過越の祭りでは、羊を屠ったときの血を取り、家の入口の門柱と鴨居に塗りました。これは、出エジプトの出来事が起こった日の夜、イスラエルの人々が家の入口のそれらの箇所に羊の血を塗ったことによります。このことはその夜、どうしても必要なことでした。

このことについて、神様は次のように語っておられます。「その血は、あなたがたがいる家の上で、あなたがたのためにしるしとなる。わたしはその血を見て、あなたがたのところを過ぎ越す。わたしがエジプトの地を打つとき、滅ぼす者のわざわいは、あなたがたには起こらない。」(出エジプト記一二・一三)エジプト中の長子、ファラオの長子から囚人の長子、家畜の初い子に至るまで、その夜打たれ、死にました。この災いを免れたのは、入口に羊の血を塗っていたイスラエルの家庭だけでした。塗られた血の故に、災いは彼らの家を「過ぎ越し」たのでした。

キリスト者にとって、このことはさらに重い意味を持ちます。私たちの救いは、御子イエスが神の子羊として血を流し、死んでくださったことによります。私たちは聖餐式でぶどう酒(汁)を飲むごとに、御子イエスのご犠牲を覚えることができます。

四、急いで食べる

あなたがたは、次のようにしてそれを食べなければならない。腰の帯を固く締め、足に履き物をはき、手に杖を持って、急いで食べる。これは主への過越のいけにえである。

(出エジプト記一二・一一)

過越の祭りでは、羊を食する時の恰好まで指示されました。「腰の帯を固く締め、足に履き物をはき、手に杖を持って、急いで食べる」……これらのことはその夜、エジプト中で恐ろしい災いが起こる中、慌ただしく食事をして出発した当時の人々の様子を彷彿とさせました。イスラエルの人々は、過越の食事をしながら、当時の緊迫した状況を思い起こすことができたでしょう。

そのままであれば、罪と死の支配の中で滅びに向かっていた者が、神のあわれみと恵みにより救い出された……そのことは緊急のことであり、切迫したことでした。私たちは与えられた救いの恵みを思い起こすたびに、そのことを確認する必要があります。

「見よ、今は恵みの時、今は救いの日」（Ⅱコリント六・二）、この時代、緊急に伝えるべきキリストの救いをご一緒に証ししてまいりましょう。

◇大切にしている記念日がありますか。
◇過越しの祭りで「種なしパン」（イーストを入れないパン）を食べるのにはどういう意味があったのでしょうか（出エジプト記一二・八、三九）。
◇かつて知り、経験した神の恵みの中で、今後も大切に覚えていきたいものがありますか。

第7回　出エジプト――エクソダス

出エジプト記一四・一五―三一

十の災いを経て、イスラエルの民はエジプトを出ることになります。しかし、一旦はこれを許したファラオも、すぐさま心を変え、軍勢を率いて彼らを追いかけます。海辺に宿営していたイスラエルの民は、ファラオの軍勢が目前に迫っているのを見たとき、神に向かって叫び、モーセに向かって訴えます。「荒野で死ぬよりは、エジプトに仕えるほうがよかった」と（出エジプト記一四・一二）。

このように絶望的な状況の中、神様は海を二つに分け、民を渡らせるというみわざをなさり、イスラエルの民の出エジプト、「エクソダス」のみわざを完成させなさいます。

「エクソダス」は、ギリシヤ語訳聖書で「出エジプト記」のタイトルとして付けられた言葉で、「出て行くこと」、「出発」を意味します。この出来事は、イスラエルにとっては、エジプトの支配から解放され、神の民としての歩みを始めた出発点です。

私たちキリスト者にとっても、キリストの救いにあずかり、神の民としての歩みを始めた出発点があります。それは、私たちにとってのエクソダスと言えるでしょう。この時のイスラエルの民のエクソダスの様子を見ながら、私たちのエクソダスがどのようなものであったのか、確認してみましょう。

一、奇跡によるエクソダス

前は海、後ろはファラオの軍勢という危機的状況の中で、神様がモーセに与えられたのは前進のご命令でした。

あなたは、あなたの杖を上げ、あなたの手を海の上に伸ばし、海を分けなさい。そうすれば、イスラエルの子らは海の真ん中の乾いた地面を行くことができる。（出エジプト記一四・一六）

ご命令に従い、モーセが手を海に向けて伸ばすと、強い東風が起こり、海の水は二つに分かれ、海の真ん中に乾いた地面が現われます。イスラエルの民は海の中に出現した道を前進します。「水は彼らのために右も左も壁になった」ということですから（出エジプト記一四・二二）、誰も見たこともないような壮観な光景だったことでしょう。

イスラエルの民は、後々、この時の神のみわざを繰り返し思い起こし、神への感謝と賛美を新しくしました（詩篇一三六・一三、一四等）。自分たちがエジプトから解放され、エクソダスを成し遂げることができたのは、ありえないような神のみわざによってだったのだということを、彼らはいつも心に刻みました。

私たちキリスト者にとってのエクソダスも同様です。罪と死の支配下にあった者にとって、神の前に行く道は閉ざされていました。しかし、神の御子が人となり、十字架に死んでくださったことにより、神の御前に進み出る道が開かれました（ヘブル一〇・一九－二二）。赦されるはずのない罪が赦され、神の子とされるはずのない者が神の子としての歩みを始めることができました。それは決して当たり前のことではない、神の奇跡のみわざであったことを覚えましょう。

二、神によるエクソダス

見逃してはならないもう一つの点があります。当然のことのようですが、それは神によるエクソダスでした。

海が二つに分けられるという、目を見張るような奇跡のみわざの前後に、見逃すことのできない神のみわざがありました。エジプトを旅立ったイスラエルの民のために、雲の柱、火の柱という形で神の臨在が示され、彼らに先立ちました（出エジプト記一三・二一）。ファラオの軍勢が迫ってきたときには、雲の柱は彼らの前から後ろへと移動し、エジプトの陣営とイスラエルの陣営の間を隔てました。このため、ファラオの陣営がイスラエルの民に近づくことができませんでした（出エジプト記一四・一九、二〇）。神の臨在が彼らを守っていました。

さらに、海の中の道をイスラエルの民が進みゆくのを見たエジプト人は、彼らの後を追い、海の中に入り込みます。この時、神は彼らの間に混乱をもたらされます。

> 朝の見張りのころ、**主**は火と雲の柱の中からエジプトの陣営を見下ろし、エジプトの陣営を混乱に陥れ、戦車の車輪を外してその動きを阻んだ。それでエジプト人は言った。「イスラエルの前から逃げよう。**主**が彼らのためにエジプトと戦っているのだ。」
>
> （出エジプト記一四・二四、二五）

この時、彼らは自分たちと戦っているのは、イスラエルの民ではなく主（ヤハウェ）であることを悟りました。出エジプトの出来事は、イスラエルの民が自らの力でなしとげたことではなく、終始、神のみわざでした。

私たちのエクソダスも同様です。自分の力では到底抜け出せなかったところから、神の力強い御手によって救われ、神の民とされました。

三、新しい命へのエクソダス

「主が彼らのために エジプトと戦っている」と気づいたエジプトの軍勢は、その場から逃げ出そうとします。しかし、神様はモーセにもう一度手を海に向けて伸ばすよう命じます。モーセがそのようにしたところ、海は元の状態に戻り、彼らは海の中に投げ込まれます。この章の結びは以下の通りです。

こうして**主**は、その日、イスラエルをエジプト人の手から救われた。イスラエルは、エジプト人が海辺で死んでいるのを見た。イスラエルは、**主**がエジプトに行われた、この大いなる御力を見た。それで民は**主**を恐れ、**主**とそのしもべモーセを信じた。

(出エジプト記一四・三〇、三一)

エジプトの軍勢は全滅しました。これはイスラエルの民にとって、自分たちを追ってくる者がもはやいないことを意味しました。エジプトでの長年の奴隷生活が終わりを告げました。同時に、神の民としての新しい歩みが始まりました。
イスラエルは出エジプトの出来事を通して、神の大いなる御力を見ました。「御力」と訳される言葉は、直訳すると「手」です。彼らはこれらの出来事の中に神の御手を見ました。彼らは、過酷な奴隷生活、すなわち「エジプト人の手から救われ」（出エジプト記一四・三〇）、神の御手によって守られる新しい歩みへと救い出されました。もはやエジプト人に仕える必要はありません。神に守られ、神に仕える新しい歩みが始まりました。

後に、使徒パウロは、イスラエルの民が海を渡ったこの出来事は彼らにとっての「バプテスマ」だったと言いました（Ⅰコリント一〇・一、二）。バプテスマはキリスト者が神に背いた罪の生活を悔い改め、信仰を公にするもので、水に浸され、あるいは水を注がれます。これは、神から離れた古い生き方に死に、神に仕える新しい命に生きる者とされたことを表します（ローマ六・三、四）。私たちは、キリストにあって新しい命へのエクソダスを与えられたのです。

エクソダスは出発点です。備えられた道筋は明確ですが、私たちは時に迷います。迷うたびに、出発点に立ち返り、原点を確認しましょう。与えられた大きな救いを覚え、神に感謝をおささげするとともに、神に仕える新しい命に生きて参りましょう。

◇思い起こすことのできるいろいろな「出発点」を挙げてみましょう。（入学式、結婚式など）

◇詩篇一三六・一〇－一五において、出エジプトの出来事がイスラエルの民にとっての原点として振り返られていることを確認しましょう。
◇キリストによって神と共に生きる新しい生き方に出発しましたか。

第8回　日々の糧のために

出エジプト記一六・一－一二

エジプトを脱出したイスラエルの民は、荒野での旅を始めることになります。当初は意気揚々として進められた旅も、水不足（一五・二二）、さらには食料不足の問題に直面し、指導者モーセとアロンに対する不平、不満が出てきます。

イスラエルの子らは彼らに言った。「エジプトの地で、肉鍋のそばに座り、パンを満ち足りるまで食べていたときに、われわれは**主**の手にかかって死んでいたらよかったのだ。事実、あなたがたは、われわれをこの荒野に導き出し、この集団全体を飢え死にさせようとしている。」

（出エジプト記一六・三）

このような不平不満の問題は、彼らの荒野での旅において再三起こってくる問題でした。彼らはせっかくエジプトでの奴隷状態から抜け出し、神に仕える民として導き出されたのに、約束の地に入るまで厳しい荒野での旅を続けなければなりませんでした。しかし、それは故なくして生じた事態ではありませんでした。むしろ、荒野を進み、数々の課題に直面することは、彼らが「神の民」として神に信頼する生き方を身に付けるためには必要なプロセスでした。

現代の信仰者も、衣・食・住といった基本的な問題から、健康や家族、人間関係など、様々な課題に直面します。私たちはイスラエルの民の経験を通していくつかの大切な指針を学ぶことができます。

一、日々の糧を備えてくださる神

民の間から不平が起こったとき、神様はモーセに次のように告げられました。

見よ、わたしはあなたがたのために天からパンを降らせる。民は外に出て行って、毎日、その日の分を集めなければならない。これは、彼らがわたしのおしえに従って歩むかどうかを試みるためである。(出エジプト記一六・四)

「天からパンを降らせる」と言われました。また、モーセは「**主**は夕方にはあなたがたに食べる肉を与え、朝には満ち足りるほどパンを与えてくださる」(出エジプト記一六・八)とも告げました。民がその時辺りを見渡しても、肉もパンも見当たらなかったでしょう。しかし、その夕方にはうずらが飛んできて宿営を覆いました。

また、朝には不思議な現象が起こりました。「すると、その夕方、うずらが飛んで来て宿営をおおった。また、朝になると、宿営の周り一面に露が降りた。その一面の露が消えると、見よ、荒野の面には薄く細かいもの、地に降りた霜のような細かいものがあった。」(出エジプト記一六・一三、一四)「これは何だろう」と驚く民に対して、モーセは「これは**主**があなたがたに食物として下さったパンだ。」と告げました。(出エジプト記一六・一五)それは「コエンドロの種のようで、白く、その味は蜜を入れた薄焼きパンのようであった」と言われます。(出エジプト記一六・三一)「これは何だろう」(ヘブル語でマン・フー)と言われたことにちなんで、「マナ」と呼ばれるようになりました。「イスラエルの子らは、人が住んでいる土地に来るまで、四十年の間マナを食べた。彼らはカナンの地の境に来るまでマナを食べた」(出エジプト記一六・三五)と言われます。マナは、日々必要な糧を与えてくださる神様を象徴するものとなりました。

二、日ごとに集める

「民は外に出て行って、毎日、その日の分を集めなければならない」と語られました。「これは、彼らがわたしのおしえに従って歩むかどうかを試みるためである」とも言われました。ですから、ここには漠然と聞き逃してはならない点がありました。

「毎日、その日の分を集めなければならない」……これは、「明日の分も集めておこう。そうすれば、明日は集めなくてもよい。」という考え方を退けるものでした。この点をモーセはなお明確にして、「だれも、それを朝まで残しておいてはならない」と告げました。ところが、民の中のある者は朝までその一部を残しておきました。そうすると、それには虫がわき、臭くなりました。モーセは彼らに向かって怒りました。（出エジプト記一六・一九、二〇）神が命じられたところを彼らが軽く聞き流し、自分勝手な思い、判断で行動したからでした。

神様は彼らに、毎日、神様に信頼することを教えたく願われたのでしょう。ですから、「明日の分も」ということを許さず、毎日、その日のための分を集めるようにされました。

後に、イエス・キリストが弟子たちに基本的な祈りの具体例を示されました。一般に「主の祈り」として知られ、多くの教会では毎週の礼拝でも唱えられている祈りです。この中に、「私たちの日ごとの糧を、今日もお与えください」という一文が含まれています。（マタイ六・一一）私たちが毎日、「日ごとの糧」のために神に祈り、そのようにしてくださる神様に信頼して生きるよう、キリストはそのような祈りを弟子たちに教えられました。

昨日までの信仰で今日やっていこうとすることは許されません。神様に信頼することを日々新しく確認し、更新しましょう。

三、安息日の分

ところが、「毎日、その日の分を」という神のご指示には例外がありました。

六日目に彼らが持ち帰って調《ととの》えるものは、日ごとに集める分の二倍である。

（出エジプト記一六・五）

週の六日目には、翌日の分も集めるべきことが告げられました。実際、週の六日目になると、モーセは民に言いました。「**主**の語られたことはこうだ。『明日は全き休みの日、**主**の聖なる安息である。焼きたいものは焼き、煮たいものは煮よ。残ったものはすべて取っておき、朝まで保存せよ。』」（出エジプト記一六・二三）

「翌日の分まで取っておいたら、翌日臭くなるのでは……。」その心配は無用でした。その日だけは臭くならず、虫もわきませんでした。週の七日目は「主の安息」として仕事を休むようにとの神様のご指示で、後の安息日に関する律法のもとになるものした。（出エジプト記一六・二四－二六、二〇・八－

一二）ところが、民の中のある者は、このご指示も無視し、七日目、安息日にマナを集めにでかけました。しかし、その日だけはどれだけ捜しても何も見つかりませんでした。

「毎日、その日の分を」とのご命令は、日々、新しく神様に信頼することを教えるものでした。これに対して、六日目、七日目のイレギュラーな事態は何を意味するのでしょう。

六日目に二日分集めるようにと言われたからには、六日目に二日分集めることができるし、それは翌日にも臭くならずに保存できる、七日目はマナを集める必要がない……そこまでの信仰を持つようにとの招きと言えるでしょう。現代、信仰者が週に一度、神様を礼拝する日として仕事を休んでも、経済的に破綻することはない、神様は守り支えてくださる……そんな信仰に通じます。

週に一度定められたイレギュラーは、私たちの生涯にしばしば訪れるイレギュラーな事態への備えと見ることも可能です。現代、昨日そうだったことが今日はそうでなくなる、ということがしばしば起こります。しかし、地上にそのようなことが起こることを許しておられる神様は、そういった事態の中でなお「わたしに信頼しなさい」と招いておられるのではないでしょうか。

一日、一日、新しく神に信頼する信仰の旅路を続けて参りましょう。

◇その日食べるものに窮した経験がありますか。

◇モーセはアロンに一日分のマナを壺に入れて保存するよう命じました。（出エジプト記一六・

（三三）それはどんな目的だったと思いますか。

◇神様に信頼することにおいて、今自分が一番問われていることは何だと思いますか。

第9回　主はわが旗

出エジプト記一七・八－一六

荒野を旅するイスラエルの民にとって、飲食の問題と共に、諸民族からの攻撃の可能性はいつも考えなければならない問題でした。女性や子どもたちを引き連れての旅です。他からの攻撃から身を守ることのできる建物や砦があるわけではありません。普通に考えると、攻撃を受ければ即、死を覚悟しなければならないような状況にありました。しかし、神様はこのような危険の中でも信頼すべきお方であることを示されました。

ここでは、彼らが荒野の旅で最初に直面した危機、すなわちアマレクとの戦いの様子が記されています。戦いに出て行くべき男たちが選び出され、戦いが繰り広げられた結果、イスラエルは勝利を取ることができました。モーセはこのことを記念して祭壇を築きました。

モーセは祭壇を築き、それをアドナイ・ニシと呼び（出エジプト記一七・一五）

「アドナイ・ニシ」とは、「主はわが旗」との意味です。「主なる神様こそは、この戦いの旗印であった」という感謝の表明であり、「自分たちはこれからもこの旗印のもとに進むのだ」という決意表明でもありました。これは、現代の信仰者もまた表明すべき信仰姿勢ではないでしょうか。

一、私たちの戦い

さて、アマレクが来て、レフィディムでイスラエルと戦った。（出エジプト記一七・八）

アマレクとの戦いは突然のことでした。後にモーセはこの時のことを振り返り、イスラエルの人々にこう語りました。「覚えていなさい。あなたがたがエジプトから出て来たとき、その道中でアマレクがあなたにしたことを。彼らは神を恐れることなく、あなたが疲れて弱っているときに、道であなたに会い、あなたのうしろの落伍者をすべて切り倒したのである。」（申命記二五・一七、一八）

突然のことでしたから、イスラエルの人々は恐れたでしょうし、状況を見れば絶望的な思いに襲われたかもしれません。しかし、神様はそのような状況下でも彼らを守り、戦いに勝利をお与えくださいました。

現代の信仰者にも戦いはあります。気づけば、大きな戦いに直面していることに気づくこともあるでしょう。しかし、確認しておく必要があるのは、現代、信仰者が直面する戦いは、本質的に人との戦いではなく霊的なものだということです。使徒パウロはこの点について、手紙の中で次のように記しました。「私たちの格闘は血肉に対するものではなく、支配、力、この暗闇の世界の支配者たち、また天上にいるもろもろの悪霊に対するものです。」（エペソ六・一二）

「血肉に対するものではなく」とあります。「私（たち）の敵はあの人（々）だ」と考え始めたら、真の敵の思うつぼです。「支配、力、この暗闇の世界の支配者たち、また天上にいるもろもろの悪霊」と、様々に表現されていますが、私たちの格闘相手は目に見えない霊的な存在です。それらの霊は、私たちが神の御心から離れて生きるよう策略を練り、罪に誘惑します。パウロは、このような悪の霊との戦いにおいて守られ、勝利できるように、神の武具を身に付けるよう勧めています。

世にあってはこのような戦いなしに生きることはできません。避けることのできない戦いであれば、神様を旗印として雄々しく戦いたいものです。

二、手を上げるモーセ

さて、アマレクとの戦いのために、モーセはヨシュアに男たちを選び出し、戦いに赴くよう命じました。モーセ自身はというと、「私は明日、神の杖を手に持って、丘の頂に立ちます」と言いました。

戦いは平地で繰り広げられたことでしょうが、実際に戦いが始まってみると、戦いの勝敗を左右したのは平地の状況よりもむしろ丘の上での状況だったことが注目されます。

ヨシュアはモーセが言ったとおりにして、アマレクと戦った。モーセとアロンとフルは丘の頂に登った。モーセが手を高く上げているときは、イスラエルが優勢になり、手を下ろすとアマレクが優勢になった。（出エジプト記一七・一〇、一一）

「神の杖」は、イスラエルの民が海を渡るときにもモーセが手にしたものです。（出エジプト記一四・一六）神の臨在を象徴するものだったと言えるでしょう。それを手にしながら、モーセが手を上げると、イスラエルが優勢になりました。手を下ろすと、アマレクが優勢になりました。ここで、神の杖を手にし、モーセが手を上げることは、「主はわが旗」、臨在の主なる神こそイスラエルを守り、勝利をもたらしてくださるとの信仰の表明でした。また、神様に信頼しつつ、戦いの勝利を具体化してくださるようにとの祈りの姿勢でもありました。

実際に戦いに臨み、戦いを指導したヨシュアと、丘の上のモーセの姿は、現代、私たちが教会の働きを進めるうえで心に留めるべきものです。教会の働きは、宣教の働きにおいても、牧会・養育の働きにおいても、具体的な働きの積み重ねです。そこでは多くの奉仕者、働き人が必要とされます。しかし、現代の教会の働きにおいて、平地での戦いと共に、丘の上での戦いを見逃していたとしたらどうでしょう。戦いに勝利が望めるでしょうか。

祈りは現代の教会の働きにおいて、目立たないものであるかもしれません。しかし、教会が直面する霊的な戦いにおいて勝敗を左右するのは、実にこの部分です。「主はわが旗」との信仰姿勢を掲げつつ、祈りに励みたいものです。

三、モーセの手を支える者たち

丘の上には、モーセと共に、アロンとフルがいました。彼らは、モーセの手が下がらないように、両脇から彼の手を支えました。

モーセの手が重くなると、彼らは石を取り、それをモーセの足もとに置いた。モーセはその上に腰掛け、アロンとフルは、一人はこちらから、一人はあちらから、モーセの手を支えた。それで彼の両手は日が沈むまで、しっかり上げられていた。（出エジプト記一七・一二）

モーセの手が上がるとイスラエルが優勢になり、モーセの手が重くなって下がってくるとアマレクが優勢になる……このことに気づいた彼らは、モーセを石の上に座らせ、両脇から彼の手を支えました。これにより、彼の両手は日が沈むまでしっかり上げられ続けました。その結果、イスラエルは戦いに勝利することができました。

祈りの働きは、決して一人だけで成し遂げることができません。人々が神の御前に心を一つにし、祈りをささげるとき、教会の働きの力強さは維持され、勝利がもたらされます。

祈りのために励まし合いましょう。祈りの場に共に集いましょう。信仰と心を一つにして、神の前に祈りを合わせましょう。結集された祈りを継続させていくなら、教会の働きに神の力強い御手が働くのを見ることができるでしょう。

◇「戦い」と聞くと、どんな種類の「戦い」を思い浮かべますか。

◇祈りの姿勢については、聖書中様々に記されていますが、手を上げての祈りもあることを確認しましょう。(詩篇六三・四、Iテモテ二・八)

◇祈りの分野で今後取り組んでみたいことがありますか。

第10回　幸いな訪問者

出エジプト記一八・五－一四

本章ではモーセのしゅうとイテロがモーセを訪ねたときの様子が描かれています。「ミディアンの祭司」（出エジプト記二・一六、一八・一）という表現や、彼が「神への全焼のささげ物といけにえを携えて来た」（出エジプト記一八・一二）という表現が何を意味するのか、正確なところは分かりません。しかし、おそらくもともとミディアン人の間にあった宗教の祭司であったイテロは、モーセとの交わりを通してヤハウェなる神への信仰に心開き、その信仰に生き始めていたのでしょう。

イテロの訪問は、モーセにとって喜びの時であり、貴重な示唆を得る機会ともなりました。現代の信仰者も、所属教会のメンバーとの交わりはもちろんのこと、それ以外の信仰者との交わりを通しても、喜びや励ましを得たり、貴重な示唆を得たりすることがしばしばあります。彼らの交流の様子を見ながら、信仰者の交わりの恵みの豊かさを確認しましょう。

一、安否を問い合う

イテロは、イスラエルの民がエジプトを脱出したこと、海を渡り、アマレクとの戦いにも勝利したことなどを耳にしました（出エジプト記一八・一）。モーセの妻（すなわちイテロの娘）やその息子たちは、イテロのもとに先に送り返されており、イテロは彼らと一緒に荒野にいるモーセを訪ねました。

モーセはしゅうとを迎えに出て行き、身をかがめ、彼に口づけした。彼らは互いに安否を問い、天幕に入った。（出エジプト記一八・七）

イテロにとっては、モーセがシナイ山で神の召命をいただき、エジプトに向かった時以来の再会ですから、再会できたこと自体が大きな喜びだったことでしょう。まずは互いにあいさつをし、安否を問い、元気な様子を確認し合いました。「天幕に入った」という表現は、積もる話をするため、ゆっくり腰を下ろしての交わりに進んでいった様子を伺わせます。

信仰者の交わりも、それが久しぶりのものであるなら、互いに安否を問うところから始まります。「元気でしたか」、「どんなご様子ですか」と、健康をはじめ、互いの状況を確認し合います。それは互いの出会いを喜ぶことの表現であり、さらに言えば互いの存在を喜び合うことの表現でもあります。

神の民のあり方は、神との関係を土台とする、いわば縦の関係から始まりますが、同じ信仰を持つ者同士、互いの存在を喜び、互いの状況を分かち合うことを喜ぶ横の関係もまた、大変大切なものです。

二、神の恵みを喜び合う

天幕に入っての会話の主題は、何といってもイスラエルのために神様がなしてくださった数々のみわざについてでした。「**主**がイスラエルのために、ファラオとエジプトになさったすべてのこと、道中で自分たちに降りかかったすべての困難、そして**主**が彼らを救い出された次第を語った」（出エジプト記一八・八）……少々興奮気味に語るモーセの様子が目に浮かぶようです。これに対して、イテロが示した反応は次のようなものでした。

イテロは、**主**がイスラエルのためにしてくださったすべての良いこと、とりわけ、エジプト人の手から救い出してくださったことを喜んだ。（出エジプト記一八・九）

「神様はそんなにすばらしいことをしてくださったのかい。強大なあのエジプトからも救い出してくださったのだね」と、神がイスラエルのためになされた恵みのみわざをイテロは喜びました。

また、互いの間になされた神の恵みのみわざを喜ぶことは、神への賛美につながります。イテロは続いて、「主がほめたたえられますように」と言い、「今、私は、主があらゆる神々にまさって偉大であることを知りました」と言いました（出エジプト記一八・一〇、一一）。

新約聖書には、「喜んでいる者たちとともに喜び、泣いている者たちとともに泣きなさい」（ローマ一二・一五）とあります。互いの状況を分かち合う中で、相手の喜びを自分の喜びとし、相手の悲しみを自分の悲しみとすることができれば幸いです。中でも格別幸いなのは、互いの間になされた神の恵みのみわざを分かち合うことです。そのような分かち合いは、信仰者どうしの交わりならではのことですし、それらは自然に神への賛美へとつながることでしょう。

三、助言を与え合う

さて、モーセとイテロが互いの安否を確認し、積もる話を語り合った翌日のことでした。モーセのもとには多くの民が集まりだします。民と民との間に起こったトラブルなどをどう解決したらよいか、どうすることが神の教えにかなった解決方法なのか、モーセの指導を仰ぐためでした。モーセのもとにはそのような人々が沢山集まり、その状況は朝から夕方まで続きました。そのようなことはモーセにとっての日常となっていたようです。

その様子を見ていたイテロはモーセに言いました。「あなたがしていることは良くありません。あなたも、あなたとともにいるこの民も、きっと疲れ果ててしまいます。(中略) さあ、私の言うことを聞きなさい」(出エジプト記一八・一七―一九)。具体的には、イテロは以下のような提案をしました。

あなたはまた、民全体の中から、神を恐れる、力のある人たち、不正の利を憎む誠実な人たちを見つけ、千人の長、百人の長、五十人の長、十人の長として民の上に立てなさい。いつもは彼らが民をさばくのです。大きな事件のときは、すべてあなたのところに持って来させ、小さな事件はみな、彼らにさばかせて、あなたの重荷を軽くしなさい。こうして彼らはあなたとともに重荷を負うのです。(出エジプト記一八・二一、二二)

いわば権限の委譲による負担軽減の提案でした。モーセはしゅうとの意見がまっとうなものであることを認め、その提案を受け入れました。千人の長、百人の長、五十人の長、十人の長が選ばれ、立てられました。それによって、民の間に次々と起こってくる諸問題を、民全体として適切に、また継続的に対処していくための態勢が整いました。

信仰者の交わりには、互いに教え合い、助言し合うという要素が含まれます。決して、「自分のほうがよく分かっている、教えてやろう」ということではありません。相手の状況を客観的に見たときに、相手が気づかないでいるいろいろなことが見えてくる場合があります。そのようなとき、見て見ぬふりをするほうが簡単なこともありますが、相手を思いやる気持ちから、率直に提案することが良い結果をもたらすということがあります。

どんなによい助言を受けても、聞いたほうが聞く耳を持たなければ無駄になります。モーセは、自分がしているやり方に固執することなく、しゅうとが語る言葉に耳を傾け、提案の妥当性を認め、助言された内容を受け入れました。それは、モーセにとってもイスラエルの民全体にとっても大きな益をもたらしました。

信仰者同士の交わりは、神様が備えてくださった恵みの場です。私たちは互いの交わりを通して、数え切れない恵みを受け取ることができます。私たちの交わりがなお豊かにされ、神の恵みをなお豊かに受け取ることができますように。

◇最近、久し振りに出会った信仰の友がいますか。
◇モーセがイテロに語った出来事は具体的にどのようなものだったか、想像してみましょう（出エジプト記一八・八）。
◇今後、信仰の交わりをなお豊かに持つために、考えられる工夫が何かありますか。

第11回　宝の民

出エジプト記一九・一－八

エジプトを出て旅を続けてきたイスラエルの民は、シナイ山のふもとにやってきました。この所で彼らは、モーセを通して神の律法を示されます。しかし、そこには神のどのようなご目的があったのでしょうか。そもそも彼らをエジプトから救い出された神様は、彼らをどのような民にしようとされたのでしょうか。律法を授けられる前に、神はモーセを通して彼らのその点を示されました。

イエス・キリストを通して神の民とされた私たちにも、神様は深いご計画を持っておられます。この箇所を通して語られる神の御心をしっかりと心に留めましょう。

一、鷲の翼に乗せて

ここで神様はまず、彼らのためにご自分がなさったことを語られました。

あなたがたは、わたしがエジプトにしたこと、また、あなたがたを鷲の翼に乗せて、わたしのもとに連れて来たことを見た。（出エジプト記一九・四）

神の民として導き出される前、彼らはエジプトで厳しい奴隷生活を送っていました。神様はエジプトを打ち、彼らをその状態から解放されました。そして、ご自分の民として彼らを導き出されました。このことを神様は、こう表現しておられます。「あなたがたを鷲の翼に乗せて、わたしのもとに連れて来た」。

鷲は鳥の中でも大きく、力強い存在です。神様は全能の御手をもって彼らを救い出されました。鷲はまた、ひな鳥に対する愛情深い扱いでも知られます（申命記三二・一一）。卵からかえったばかりの時には、首が座らず、親鳥に抱かれて日を過ごします。食事も最初は口移しから始まり、少しずつ自分で食べることができるようになります。巣立ちの時期になれば、巣の周りを少しずつ飛び回り、やがて独立します。その間、親鳥は忍耐深く、愛情深く、ひな鳥を育てます。同じような愛情深さで、神はイスラエルの民を救い出し、まるで鷲が自分の翼に乗せてひな鳥を運ぶように（そういうことが実際にあるのかどうかは分かりませんが）、イスラエルの民を導き出されたと言います。

生ける神様から離れて生きていた私たちを神様はあわれみ、御子キリストにより罪と滅びの中から贖い出してくださいました。それは神様が大きな御翼に乗せて救い出してくださったことではないでしょうか。

神様に背を向けて生きていた私たちが、神を仰ぎ神の民として生きることは当たり前のことではなく、神のあわれみと偉大な救いのみわざによることを覚えましょう。

二、宝の民、祭司の王国、聖なる国民

イスラエルの民をエジプトから解放し、ご自分の民とされた神様は、彼らをどのような民としようとされたのでしょうか。

今、もしあなたがたが確かにわたしの声に聞き従い、わたしの契約を守るなら、あなたがたはあらゆる民族の中にあって、わたしの宝となる。全世界はわたしのものであるから。あなたがたは、わたしにとって祭司の王国、聖なる国民となる。（出エジプト記一九・五、六）

ここにイスラエルをご自分の民とされた神様のご計画、御心が明らかにされています。

第一は、宝の民とすることです。後には同じことを以下のような表現で振り返っています。「主は荒野の地で、荒涼とした荒れ地で彼を見つけ、これを抱き、世話をし、ご自分の瞳のように守られ

た」（申命記三二・一〇）。自分の目にボールか何かが飛んできたら、私たちは反射的に目を閉じ、身を避けます。神様にとってご自分の民を宝とするということは、そのように大切なものとして扱い、守ることを意味します。

第二は、祭司の王国とすることです。この民の王はもちろん、神ご自身でしょう。しかし、その王国にあって、神の民は祭司の役割を果たします。祭司は、神と人々（世界）との間に立つ存在です。人々（世界）に神の御心を告げます。人々（世界）に神に近づくよう呼びかけ、励まします。神様は彼らをそのような役割を持つ民、特別な使命を持つ民とされました。

第三は、聖なる国民《くにたみ》とすることです。世界に対して神を証しし、世界のために神にとりなす使命を果たすために、彼らは聖なる国民である必要がありました。「聖なる」とは、本来、区別し、取り分けられることを意味します。神の民として、他から区別され、取り分けられるということです。

神様が私たちをご自分の民とされたことは、いたずらになさったことではありません。宝の民、祭司の王国、聖なる国民とするという、明確なご目的があってのことでした。

三、わたしの契約を守るなら

イスラエルをご自分の民として迎えられたご目的を明確にしながら、神様はそのための条件をも明確にされました。

今、もしあなたがたが確かにわたしの声に聞き従い、わたしの契約を守るなら、あなたがたはあらゆる民族の中にあって、わたしの宝となる。（出エジプト記一九・五）

彼らを宝の民、祭司の王国、聖なる国民とするために、神が彼らに求められたことは、神の声に聞き従うこと、神との契約を守ることでした。モーセがこのような神の言葉を彼らに伝えたとき、彼らは口をそろえて答えました。「私たちは主の言われたことをすべて行います」と（出エジプト記一九・八）。

彼らは、その後この契約を守ったでしょうか。残念ながら彼らは度々契約違反を行いました。最後には国が滅ぶほどに、彼らは神に背き続けました。そのような中で神が預言者を通して語られたのは、国の滅亡は彼らの契約違反の結果であること（エレミヤ書一一・一〇）、神はこのことに大きな痛みを覚えておられること（エレミヤ書三一・二〇）、そういう中から、神は回復の道をも備えておられること（エレミヤ書二九・一一－一四）、そのためにシナイ山で結ばれた契約とは別に、新しい契約を結ぶ時が来ると言われました（エレミヤ書三一・三一－三四）。新しい契約によって、神は彼らの罪を赦すとともに、彼らの心に律法を書き記し、彼らが真に神の民として生きるようにされるとの約束が与えられました。

私たちは今、御子による罪の赦し、聖霊による変革のみわざの中で生かされています。このすべては、私たちを宝の民、祭司の王国、聖なる国民とするための神のみわざ、ということができます。私たちはそのような神のご期待に応える力を持たない者ですが、神の備えは十分です。

神は私たちを宝として扱ってくださいます。神の民としての尊い召しにお応えしてまいりましょう。

◇大切にしている宝物がありますか。
◇キリストにより神の民とされた者に対する神の御心は、イスラエルに対するものと同じであることを確認しましょう（Ｉペテロ二・九、一〇）。
◇ご自分の民に対する神の御心に、あなたはどのようにお応えしたいですか。

第12回　十戒（その一）　出エジプト記二〇・一－一一

シナイ山で神はイスラエルの民に律法を授けられました。その最初に神様は「十のことば」と呼ばれる基本的な十の戒めを与えられました（一般的には十戒と呼ばれます）。神様はモーセに十戒に続いて多くの戒めを示されましたが、最後にモーセが山を下りていくときには、神様は十戒の言葉を二枚の石の板に書き記し、モーセはそれを抱えて民のところに下りていきました（出エジプト記三四・二八、二九）。それ程に、十戒は律法の中でも中心的、基本的なものでした。

律法全体は、当時のイスラエルの民に与えられたものですので、そのすべてが現代の信仰者にそのまま当てはまるわけではありません。しかし、十戒について言えば、少なくともその基本的な部分はそのまま受け取ってよい、大切な内容が示されています。

その冒頭、神様は次のように語っておられます。

わたしは、あなたをエジプトの地、奴隷の家から導き出したあなたの神、**主**である。

（出エジプト記二〇・二）

少し前までエジプトで奴隷状態であったイスラエルの民を神は救い出されました。そして、ご自分の民として生きるよう招かれました。「わたしはあなたがたを宝の民として愛している。あなたががわたしを愛し、わたしの民として生きていきたいと願うなら、このように生きてほしい」という願いが、十戒には込められています。

十の戒めは、大きく二つに分けることができます。最初の四つは、神様との関係を教える戒め、後の六つは人との関係を教えます。今回は、最初の四つの戒めを学びます。

一、わたし以外に、ほかの神があってはならない

あなたには、わたし以外に、ほかの神があってはならない。（出エジプト記二〇・三）

第一の戒めは、天地の創造者なる神様、彼らをエジプトから導き出した生ける神様だけを神とすること、他のものを神としてはならないというものでした。人によっては「排他的」と感じられるかもしれないこの戒めを、どのように理解したらよいでしょうか。神とイスラエルの民との関係を表わす

二つの表現が参考になるでしょう。

神様と民との関係は「父と子」で表現されます（申命記三二・六）。世に多くの人があったとしても、お父さんは一人であるはずです。創造者なる神も、ただお一人だということです。

また、神様と民との関係は夫婦の関係でも表されます。世にどれ程多くの男性がいたとしても、妻にとって夫と呼ばれるのはただ一人です。妻の目が夫から離れ、他の男性に向けられ、妻が他の男性に近づくとしたら、それは不倫の罪となります（エレミヤ書三・二〇）。

この戒めは、「私だけを見、信頼し、仕えてほしい」という、私たちに対する神様の一途な愛の表われと言えるでしょう。神様からのこの愛の招きに誠実にお応えすることは、神との人格的な関わりの中で最も基本的なことです。

二、偶像を造ってはならない

あなたは自分のために偶像を造ってはならない。上の天にあるものでも、下の地にあるものでも、地の下の水の中にあるものでも、いかなる形をも造ってはならない。それらを拝んではならない。それらに仕えてはならない。（出エジプト記二〇・四、五）

第二の戒めは、形ある偶像を造ってはいけないこと、それを拝んだり、それに仕えたりしてはならないというものでした。

イスラエルの民は、荒野の旅を始めたこの時、シナイ山で律法を示されます。しかし、結果的にこの旅は四〇年間続き、約束の地に入ろうとする時にはほとんど世代が交替していました。この時、再び神様から律法を示されます。この時の様子を記すのが申命記です。申命記では、第二戒について、より詳しく説明されます。おそらくは、イスラエルの民が導かれようとする地が偶像に満ちていたからでしょう。なぜ偶像を造ってはいけないのかが説明されます。

「あなたがたは自分自身に十分に気をつけなさい。**主**がホレブで火の中からあなたがたに語られた日に、あなたがたは何の姿も見なかったからである。」（申命記四・一五）神は霊なるお方、目に見える物質的な形を持たない方です。ですから、形あるものを神とし、礼拝したり、仕えたりしてはならないのです。

イスラエルの民同様、多神教の国に生きる私たちは、偶像礼拝に巻き込まれることがないよう、注意深さが必要です。

三、主の名をみだりに口にしてはならない

あなたは、あなたの神、**主**の名をみだりに口にしてはならない。（出エジプト記二〇・七）

「**主**の名をみだりに口にする」とはどういうことでしょうか。イスラエルの民は神様の名前を全く口にしてはならないと受け取り、ヤハウェなる神様のお名前を発音することを避けました。しかし、「**主**の名をみだりに口にする」というのは、神様のお名前を全く発音しないという意味ではなかったでしょう。「みだりに」という言葉を、「不敬虔に」と言い換えれば分かりやすいかもしれません。神様を畏れ敬わずに、不敬虔な仕方で神様のことを口にすることを戒めた言葉でした。

四、安息日を覚えて聖とせよ

安息日を覚えて、これを聖なるものとせよ。六日間働いて、あなたのすべての仕事をせよ。七日目は、あなたの神、**主**の安息である。あなたはいかなる仕事もしてはならない。

（出エジプト記二〇・八－一〇）

週に一度、安息日として仕事を休み、神を礼拝する日としなさいという戒めです。（ユダヤ人にとってそれは土曜日でしたが、キリスト者は、イエス・キリストが日曜日復活されたことを覚え、日曜日に仕事を休みます。）「聖なるものとせよ」ということは、他と区別することを意味します。週に一日、神様を礼拝する特別な日として取り分けるようにということです。

なぜそうであるのかと言えば、神様の創造のみわざが六日間で行われ、七日目に休まれたことに基づいています（出エジプト記二〇・一一）。神様がそのような手順で創造のみわざをなさったことを覚えながら、私たちのわざも同様のリズムで進めるように、ということでしょう。

週に一度、仕事の手を休め、神様を礼拝する日として取り分ける……そのことを通して私たちは新しくされ、新しい週の歩みに備えられます。神様が備えて下さった週ごとのリズムを受け止め、神様の祝福の中で働き、休みたいものです。

十戒は、神を愛し、神様との正しい関係の中で生きていくことを教えます。それは、私たちを愛してくださる神様への応答としての生き方を示すものでもあります。神の愛の招きに応答し、神様との正しい関係の中で生きて参りましょう。

◇十戒の内容を初めて知ったのはいつ頃ですか。
◇十戒の前に、「わたしは、あなたをエジプトの地、奴隷の家から導き出したあなたの神、**主**である」（出エジプト記二〇・二）と語られた理由は何だと思いますか。
◇今回、第一戒から第四戒で、特に心に残ったものは何ですか。

第13回　十戒（その二）　出エジプト記二〇・一二－一七

十戒の前半、最初の四つは、神様との関係を教える戒めでした。後半の六つの戒めは人との関係を教えます。

後に、イエス・キリストは一つの質問を受けました。「律法の中でどの戒めが一番重要ですか。」（マタイ二二・三六）これに対して、キリストは以下のように答えられました。「『あなたは心を尽くし、いのちを尽くし、知性を尽くして、あなたの神、主を愛しなさい。』これが、重要な第一の戒めです。『あなたの隣人を自分自身のように愛しなさい』という第二の戒めも、それと同じように重要です。この二つの戒めに律法と預言者の全体がかかっているのです。」（マタイ二二・三七－四〇）

心を尽くして神様を愛すること、そして周囲の人々を自分自身のように愛すること、ここに律法の中心があります。そして、十戒の後半は人への愛を教えています。

一、あなたの父と母とを敬え

あなたの父と母を敬え。あなたの神、主が与えようとしているその土地で、あなたの日々が長く続くようにするためである。（出エジプト記二〇・一二）

これは、両親を尊敬し、大切にすることを教える戒めです。親との関係は、ほとんどの場合、人が生を得て最初に経験する人間関係です。私たちはそこで、人との関わりの基本的なことを学んでいきます。親との関係を正しくすることは、あらゆる人間関係の基本となります。

また、神様は私たちに命を与える際に、両親を通してその命を与えてくださいました。また、両親を通して善悪の基準や、人間としての基本的な生き方を身に付けるようにされました。時に、両親も間違った判断をしたり、間違ったことを言ったりします。それでも、神様が与えてくださった両親であることを覚えつつ、愛し、敬い、大切にするようにという戒めです。

二、殺してはならない

殺してはならない。（出エジプト記二〇・一三）

これは、人の命を大切にすることを教える戒めです。

ノア家族が箱舟から出て来たとき、神様は彼らに命の大切さを教えられました。そして、なぜ人の命を奪ってはならないのかをも教えられました。「人の血を流す者は、人によって血を流される。神は人を神のかたちとして造ったからである。」（創世記九・六）人間は、「神のかたち」として造られた尊い存在です。その命を軽んじることは、人に命を与え、「神のかたち」に造られた神様を軽んじることです。

ですから、人の命を大切にすることは、さらに進んで「神のかたち」に造られた人を大切にすることにつながります。人を刀で刺してはならないのと同様、人を悪意ある言葉で傷つけたり、見下した態度で接したりすることは、「神のかたち」に造られた人を大切にしない行為と言えるでしょう。

三、姦淫してはならない

姦淫してはならない。（出エジプト記二〇・一四）

これは、結婚関係を大切にするようにとの戒めです。

神様は、夫婦を特別な関係として私たちに備えられました。それは、他の者がその間に入り込むことが許されない、特別な関係です。まずは、自分自身の夫婦関係を大切にしなければなりません。神様が与えてくださった伴侶を「半身」として愛し、大切にします。同時に、隣人の夫婦関係も大切にしなければなりません。

夫婦関係は特別な人格的関係です。そして、性的な関わりは、夫婦間での人格的な関係を深めるため、夫婦間でのみ持つことが許されています。夫婦関係以外のところで性的な関わりを持つことは、姦淫の罪となります。

姦淫は、神様が大切なものとして定められた夫婦関係を破壊するものです。関係するすべての者に深い傷を与えずにはおきません。

四、盗んではならない

盗んではならない。(出エジプト記二〇・一五)

これは、人の所有物を大切にするようにとの戒めです。

神様は人が正当な仕事を通して収入を得、それによって必要なものを所有するように定められました。人の所有物は、他の者が横から入っていって奪い取ることは許されません。人の家に入って盗む「泥棒」だけでなく、金銭を払わずにお店の物を盗む「万引き」、金銭を払わず交通機関を利用する「無銭乗車」など、広く言えばこの戒めへの違反となるでしょう。

五、偽りの証言をしてはならない

あなたの隣人について、偽りの証言をしてはならない。（出エジプト記二〇・一六）

これは、偽りの証言によって人に損害を与えてはならないという戒めです。

監視カメラやＤＮＡ判定のなかった時代、事件の裁判は人の証言に頼るところが多かったことでしょう。偽りの証言によって、人をおとしめ、犯罪者としての濡れ衣を着せることは、今より簡単でした。偽りの証言は恐ろしい罪であることを教える戒めです。

裁判の席上のことでなくても、偽りのうわさによって人を傷つけたり、人の欠点をおおげさに言いふらしたりするなど、広い意味での「偽りの証言」も恐ろしいものです。

六、隣人の家を欲してはならない

あなたの隣人の家を欲してはならない。あなたの隣人《となりびと》の妻、男奴隷、女奴隷、牛、ろば、すべてあなたの隣人のものを欲してはならない。（出エジプト記二〇・一七）

これは、人が大切にしているものや所有している物を横取りしたいと願ってはならないという戒めです。

他人の奥さんを見て横取りすれば、姦淫の罪になります。しかし、実際に横取りしないまでも、そのような欲望を内に抱えるなら、それは神の前に罪となります。他人の所有物を横取りすれば、盗みの罪となります。しかし、実際に盗まないまでも、その所有をうらやみ、何とか自分の物にと願うなら、それもまた神の前に罪となります。神様は私たちの行動と共に、私たちの心を見ておられます。

これらの戒めが教えるところは、私たちの生活の様々な側面に及んでいるように見えます。しかし、要は人を大切にし、愛することを教えています。

神様は私たち一人ひとりを大切な存在として愛してくださいます。同時に、私たちの周りにいるすべての人は、神様の目に大切な一人ひとりです。私たちも、周囲の人々を愛し、大切にする生き方を身に付けさせて頂きましょう。

◇今回、初めて知った戒めがありますか。
◇隣人を愛することを教える戒めとしてキリストが引用された箇所は、レビ記一九・一八であることを確認しましょう（マタイ二二・三九）。
◇今回の学びを通して、神の御心を痛めていたと感じたことがあれば、悔改めましょう。

第14回　シナイ山での契約

出エジプト記二四・一－一一

イスラエルの民に十戒を示された後、神はもう少し詳しく、具体的な戒めの数々を示されます（二〇・二二～二三・三三）。今で言えば、刑法や民法に当たる規定もあれば、神への礼拝のささげ方を教える規定（祭壇の造り方、祭りの規定など）もありました。神を愛し、隣人を愛することはどういう生き方なのか、これらの戒めを通して具体的な形で示されました。

モーセは再び山のふもとに降り、神から語られたことばを民に伝えました。そして、それらのことばをすべて書に書き記しました。この書は、「契約の書」と呼ばれました（出エジプト記二四・七）。この段階で、民は改めて神のことばをすべて行うことを約束し、神との間に契約が結ばれたことになります。

この時結ばれた契約は、シナイ山で結ばれたので、「シナイ契約」と呼ばれることがあります。これに対して、イエス・キリストを通して私たちに与えられた契約は「新しい契約」と呼ばれます（エレミヤ書三一・三一、ルカ二二・二〇、Ⅱコリント三・六、ヘブル八・七－一三）。

シナイ契約は古くて無効になった契約、今の私たちにとって関係があるのは新しい契約だけ、と考えやすいのですが、シナイ契約と新しい契約は連続している面もあります。シナイ山で結ばれた契約がどのようなものであったかを見ながら、それが私たちとどう結びついているのか、確認しましょう。

一、契約の血

モーセはその血を取って、民に振りかけ、そして言った。「見よ。これは、これらすべてのことばに基づいて、**主**があなたがたと結ばれる契約の血である。」（出エジプト記二四・八）

その日、モーセはまず山のふもとに祭壇を築きました。そして、そこで動物（雄牛）のささげ物（全焼のささげ物、交わりのいけにえ）をささげました。その血の半分は祭壇に振りかけ、残りの半分は民にふりかけました。そして、「見よ。これは……契約の血である」と、モーセは言いました。

この血の意味について、ここでは特に説明されていません。しかし、後にヘブル人への手紙の著者は、モーセのこの行為について触れ（ヘブル九・一九、二〇）、こう説明しています。「律法によれば、ほとんどすべてのものは血によってきよめられます。血を流すことがなければ、罪の赦しはありません。」（ヘブル九・二二）その時注がれた血は、罪の赦しのために必要でした。そして、契約の成立のためには、血による罪の赦しが必要だったように思われます。

モーセが語ったように、彼が注いだ血は「契約の血」でした。確かに、「初めの契約も、血を抜きに成立したのではありません。」（ヘブル九・一八）

この後見るように、シナイ山での契約は、民が「すべて行います」と言ったことに基づいて成立したように見えます。しかし、その後の歴史が証明するように、彼らは律法を完全には実行することができませんでした。神を愛し、人を愛するように、数々の戒めを通して具体的に教えられても、それを完全に実行することは困難、否、不可能でした。不完全な人間、罪深い民の性質をよくご存じの神様は、最初から「契約の血」を備えられました。

もちろん、動物の血は、人々の罪を赦し、きよめるために、不完全な役割しか果たせません。御子イエス・キリストが「雄やぎと子牛の血によってではなく、ご自分の血によって、ただ一度だけ聖所に入り、永遠の贖いを成し遂げられ」たことにより、罪のきよめのためのみわざが完成しました（ヘブル九・一二）。シナイ山で注がれた「契約の血」は、その予表と見ることができます。すなわち、それは、完全なものが現れるまで、それを事前にさし示す役割を果たすものでした。しかし、そうではあっても、血を流すことなしに罪の赦しはなく、罪の赦しなしに、神と民との間の契約が成立することはないことを示していました。

そして契約の書を取り、民に読んで聞かせた。彼らは言った。「主の言われたことはすべて行います。聞き従います。」(出エジプト記二四・七)

二、すべて行います

ここに、シナイ山での契約の特徴を示す言葉があります。「すべて行います」というものです。彼らは、契約の書が記される前と後、二回この言葉を語りました(出エジプト記二四・三も参照)。シナイ山での契約は、彼らのこの言葉に基づいて結ばれました。

おそらく、その言葉を語ったとき、彼らは言葉どおりにするつもりだったはずです。しかし、その後の民の歴史は、彼らが自分たちの言葉を裏切り続けたことを示しています。シナイ山での契約の限界がここに表れています。

後に、パウロは、律法が持つ役割と限界を詳しく教えています(ローマ人への手紙、ガラテヤ人への手紙等)。律法は、人として正しい道を示しながら、結果的にはその罪深さを教えるものとなりました。人は皆、自分の力で正しい道に至ることのできず、律法によっては「罪あり」との宣告を受けるばかりだからです。しかし、同時に、律法はそれによって、キリストの必要をさし示し、私たちをキリストに導きました。キリストは私たちの罪を贖い、罪の赦しを与えるのみか(信仰義認)、私たちを聖霊によって新しくしてくださいます。私たちの内側に、神の御心を喜び、その道に歩ませる力を与えてくださいます。愛によって律法を成就する道へと導いてくださいます（ガラテヤ五・一三、一四、二二、二三）。

三、神の臨在への招き

さて、このように、シナイ山での契約は、神の民を永続的な祝福へと導くには限界あるものでしたが、目ざすものはすばらしいものでした。神様は、民との契約を結ばれた後、モーセをはじめ、指導者たちを山に登らせました。

彼らはイスラエルの神を見た。御足の下にはサファイアの敷石のようなものがあり、透き通っていて大空そのもののようであった。神はイスラエルの子らのおもだった者たちに、手を下されなかった。彼らは神ご自身を見て、食べたり飲んだりした。（出エジプト記二四・一〇、一一）

ここには、驚くべきことに、「彼らはイスラエルの神を見た」と記されています。おそらく、それは神様の栄光の片鱗に過ぎず、神様のすべてを見たということではなかったでしょう。しかし、それでも彼らは神の栄光の輝きに触れました。そして、神様の臨在の前で、食べたり飲んだりさえしました。

聖書の中には、神の栄光ある臨在に触れ、似たような情景を垣間見た人々のことが記されています（イザヤ書六・一、エゼキエル書一・二八、黙示録四・二、三）。神様は栄光に満ちておられ、聖なる方、安易に近づくことのできない方ですが、決して私たちを遠ざけようとしておられるわけではありません。むしろ、私たちをご自分のもとに招き、近づけようとしておられます。神の臨在の中で、喜び、楽しんでほしいと願っておられます。

イスラエルの民に律法を与え、契約を結ばれたのも、彼らを聖なる民とし、いつも神の臨在に近づき、神の臨在の中で生きることができるようにと願われたからでした。神様は、今、私たちが御子イエスの血により罪赦され、きよめられて、神の臨在の前に来るよう招いておられます。聖霊の恵みにより神の臨在を味わい、その中で楽しみ、喜びながら生きていくことを願っておられます。

神様の招きに、信仰を持ってお応えしましょう。

◇シナイ山に行ったことがありますか。
◇出エジプト記二四・一〇は、出エジプト記三三・二〇と矛盾していると思いますか。（出エジプト記三三・二三も参照）
◇今後あなたが神の臨在の前で生きるために、留意したいことは何ですか。

第15回　幕屋を作る

出エジプト記二五・一―二二

一旦、民との間に契約を結ばれた神様は、次に幕屋の製作についてモーセに告げます。幕屋をどのように作るか、出エジプト記二五～二七章で教えられ、実際その通りに製作が進められたことが出エジプト記三五～三八章に記されます。

一見すると、私たちがその一つひとつの過程を知ることにどんな意味があるのかと思われます。もちろん、具体的な一つひとつの過程の正確な意味を知ることは難しいかもしれません。しかし、これほど詳細にその製作過程が記録されているのは、少なくとも幕屋を作ること自体にそれだけ大きな意味があったということでしょう。

イスラエルの民に幕屋を作らせた神様のご意図はどこにあったのでしょうか。また、そのことは私たちの生き方にどのように関係しているのでしょうか。

一、わたしは彼らのただ中に住む

神様はまず、幕屋製作のために必要な素材となる物資は、民の自発的なささげものによって備えられるべきことを告げられました。そして、具体的な製作手順を示す前に、神様は幕屋が何のために作られるべきなのかを告げられました。

彼らにわたしのための聖所を造らせよ。そうすれば、わたしは彼らのただ中に住む。

（出エジプト記二五・八）

ここに、幕屋が何であるか、何のために作られるのかが明示されています。それは、神様のための「聖所」でした。「わたしは彼らのただ中に住む」……すなわち、神の特別な臨在が現わされる場所として幕屋が作られなければなりませんでした。

ここに、私たちは神の御心を知ることができます。すなわち、神様は、私たちのただ中に住みたい、ご自分の臨在を現したいと願っておられるということです。

実は、幕屋という言葉自体、「住む」という言葉（シャーカン）から出来ています。神様がその聖なる臨在を現わし、民の中に「住む」ための場所、それが幕屋でした。

幕屋製作の命令がこのタイミングで与えられたことも見逃せません。前回、シナイ山において民の前に栄光あふれる神の臨在が示されたことを見ました。しかし、彼らはこの後、シナイ山を離れ、約束の地に向かって進んで行かねばなりません。その過程において、神様の臨在が現わされる場所として、可動式の天幕、幕屋を用意する必要がありました。幕屋が作られた後には、シナイ山で示された神の臨在は、幕屋の中に移ります。それによって彼らは神の臨在と共に旅を続けていくことができるようになります。

実は、後に神の御子が人としてお生まれになったとき、「幕屋を張る」という言葉が使われました。「ことばは人となって、私たちの間に住まわれた」と訳されていますが、「住む」と訳されているところは「幕屋を張る」という言葉が使われています（ヨハネ一・一四）。神の御子は人として私たちの間で幕屋を張ってくださいました。

さらに、使徒パウロによれば、御子を信じる者は「神から受けた聖霊の宮」とされているのであり（Ｉコリント六・一九）、神の民は全体として「主にある聖なる宮」、「神の御住まい」となるよう召されていると言います（エペソ二・二一、二二）。「あなたがたのただ中に住みたい」という神の願いが、旧新約聖書を貫いていることが分かります。

二、神が示される型に従って

さて、次に神様が示されたのは、次のことでした。

幕屋と幕屋のすべての備品は、わたしがあなたに示す型と全く同じように造らなければならない。（出エジプト記二五・九）

神様が示される型に従って、ということは、その後何度も繰り返し告げられました（出エジプト記二五・四〇等）。実際、幕屋製作の手順が出エジプト記二五～二七章で示された後、出エジプト記三五～三八章では指示された手順通りに製作が進められた様子が詳細に記録されています。

神様は確かに私たちの間に臨在を現わし、私たちの間に住みたいと願っていてくださいます。しかし、私たち自身は罪深い存在であり、不用意に聖なる神様に近づくことのできない者です。神様が私たちの間にご自分の臨在を現わされる場所は、私たちが勝手に作り出してよいのではありません。神自らが定めた場所に、神自ら定めた方法によって、神様はご自分の臨在を現わされます。幕屋製作の手順がこれほど事細かに示されたのは、そのことをイスラエルの民に教えるためだったと言えるでしょう。

三、宥めの蓋の上から

幕屋に備え置く備品として、最初に言及されているのは、あかしの箱です。これは、幕屋の奥に置かれ、聖所において中心的な役割を果たすものでした。箱の中には、十戒を書き記した板（さとしの板）が納められました。

また、この箱には、「宥《なだ》めの蓋」と呼ばれる蓋がかぶせられました。このふたには、神の臨在を示すと言われるケルビムと呼ばれる天使の像が両端に据えられました。

これらの製作を命じた後、神様は大切なことを語られました。

わたしはそこであなたと会見し、イスラエルの子らに向けてあなたに与える命令を、その『宥めの蓋』の上から、あかしの箱の上の二つのケルビムの間から、ことごとくあなたに語る。

（出エジプト記二五・二二）

この場所において、神様はモーセに語りかけると言われました。それは、「『宥めの蓋』の上から」

でした。「宥めの蓋」と訳される言葉（カッポーレス）は、「覆う」「贖う」と訳される動詞（カーファル）から派生する言葉です。ギリシャ語訳聖書（七十人訳聖書）ではヒラステーリオンと訳され、この言葉は後に、イエス・キリストの死による贖いのみわざに対して用いられました（ローマ三・二五）。ここには、罪深い私たちに神が臨在を示し、語りかけるために、罪の贖いが必要であることが示されていたと言えるでしょう。

神様は私たちにご自分の臨在を現わしたいと願っておられます。自分勝手な考えによらず、神様が備えてくださった道に従って、神様に近づきましょう。イエス・キリストの贖いにより、罪赦され、聖別された者として神に近づきましょう。聖霊の宮とされた者として、私たちの日々の歩みの中に、神の臨在が豊かに現されてまいりますように。

◇幕屋の模型や絵を見たことがありますか。
◇出エジプト記二五～二七章で幕屋の作り方が教えられ、出エジプト記三五～三八章で実際の製作過程が記されていることを確認しましょう。
◇これから神の臨在の中で生きていくために、どのようなことに留意したいですか。

第16回　祭司の務め

出エジプト記二八・一－三、二九・三八－四六

あなたは、イスラエルの子らの中から、あなたの兄弟アロンと、彼とともにいる彼の息子たちのナダブとアビフ、エルアザルとイタマルをあなたの近くに来させ、祭司としてわたしに仕えさせよ。（出エジプト記二八・一）

幕屋の製作手順を示された神様は、同時に幕屋で奉仕する祭司を任職するようモーセに命じられました。アロンとその子ら（後にはその子孫）がそのために祭司として立てられました。彼らの役割はどのようなもので、何のために立てられたのでしょうか。

また、現在、幕屋が存在しないように、教会の中に祭司と呼ばれる特定の人々がいるわけではありません。祭司についての教えは、今神の民とされている私たちにとって、どのような意味があるのでしょうか。

一、祭司の役割

祭司任職の手順は、出エジプト記二九章に記されますが、その前に、祭司の装束の製作手順が記されます（出エジプト記二八章）。その中で、祭司の役割を示唆する部分があります。

二つの縞めのうを取り、その上にイスラエルの息子たちの名を刻む。（略）その二つの石をエポデの肩当てに付け、イスラエルの息子たちが覚えられるための石とする。アロンは主の前で、彼らの名が覚えられるように両肩に載せる。（出エジプト記二八・九、一二）

これらの宝石はイスラエルの息子たちの名にちなむもので、彼らの名にしたがい十二個でなければならない。それらは印章のように、それぞれに名が彫られ、十二部族を表す。

（出エジプト記二八・二一）

一つは「エポデ」と呼ばれる装身具の肩当て部分につけられた二つの縞めのうの石に、イスラエル一二部族の名が記されたこと。もう一つは「さばきの胸当て」と呼ばれる装身具に、一列に三つで四列、計一二の宝石がイスラエル十二部族にちなんではめ込まれたことです。「イスラエルの息子たちが覚えられるため」とありますので（出エジプト記二八・一二）、これらの石や宝石は、祭司がイスラエル十二部族を代表し、彼らの代わりに神様の前に出る者であることを示しています。

祭司が幕屋において、具体的にどのようなことをするかについては、レビ記に詳細が記されます。この箇所では、毎日彼らがささげる全焼のささげ物について記されるのみです（出エジプト記二九・三八－四二）。しかし、その直後、「その場所でわたしはあなたがたに会い、その場所であなたと語る」と神様は言われます（出エジプト記二九・四二）。祭司は、民に代わって、罪のきよめのささげ物や全焼のささげ物など、動物その他のささげ物をささげます。それによって、民の罪の贖いがなされ、彼らの信仰と献身が受けいれられて、神様と彼らとの交わりの場が整えられることになります。

わたしは会見の天幕と祭壇を聖別する。またアロンとその子らを聖別して、彼らを祭司としてわたしに仕えさせる。わたしはイスラエルの子らのただ中に住み、彼らの神となる。

（出エジプト記二九・四四、四五）

こうして、祭司が立てられた目的は幕屋が設けられた目的に一致することが分かります。すなわち、「わたしはイスラエルの子らのただ中に住み、彼らの神となる」……このことのために祭司が立てられたということです。

二、大祭司キリスト

旧新約聖書を通して読むと、イスラエルの民の間に立てられた祭司は、大祭司なるキリストをさし示すものであると分かります。この点について、詳しく取り上げているのはヘブル人への手紙です。

さて、私たちには、もろもろの天を通られた、神の子イエスという偉大な大祭司がおられるのですから、信仰の告白を堅く保とうではありませんか。（ヘブル四・一四）

ヘブル人への手紙は、モーセの律法によって立てられた祭司制度には限界があったことを記します。たとえば、彼らは「その弱さのゆえに、民のためだけでなく、自分のためにも、罪のゆえにささげ物を献げなければなりません」と指摘しています（ヘブル五・三）。実際、祭司の任職式にあたって、最初にしなければならなかったのはそのことでした（出エジプト記二九・一〇－一四）。

また、「レビの子らの場合は、死ということがあるために、務めにいつまでもとどまることができず、大勢の者が祭司となっていますが、イエスは永遠に存在されるので、変わることがない祭司職を持っておられます」（ヘブル七・二三、二四）とも指摘しています。
さらに、祭司がささげる動物のささげ物について、「それらは礼拝する人の良心を完全にすることができません」と言います（ヘブル九・九）。しかしキリストは、「雄やぎと子牛の血によってではなく、ご自分の血によって、ただ一度だけ聖所に入り、永遠の贖いを成し遂げられました。」（ヘブル九・一二）
「こういうわけで、兄弟たち。私たちはイエスの血によって大胆に聖所に入ることができます。」（ヘブル一〇・一九）大祭司キリストは、私たちが神の臨在の前に出るための完全な道を備えてくださいました。私たちは今、このお方を通して神の御前に出ることができ、神の臨在の中で生きることができます。

三、祭司とされた私たち

さて、私たちは今、大祭司キリストを通して神の臨在の前に出ることがゆるされています。しかし、話はそれで終わらないことを確認しましょう。

イスラエルの民の中でアロンの子孫が祭司として立てられたことを見ました。しかし、エジプトから導き出された彼らに、神様は次のように言われました。

あなたがたは、わたしにとって祭司の王国、聖なる国民となる。（出エジプト記一九・六）

アロンの子孫たちが祭司として立てられたことは、彼らの働きを通してイスラエルの民が神の臨在の前に出るためでした。しかし、彼らが神の臨在の前に出たならば、今度は彼らが全世界に対して祭司の務めを果たすことが期待されていました。彼らは、実際には度々神の御心に背き、神の臨在の前から遠ざかっていったことにより、その使命をうまく果たすことができませんでした。しかし、神様が彼らに期待しておられたのはそのことでした。

今私たちは、大祭司キリストの贖いととりなしにより、神の臨在の前に生かされています。それは、私たちが全世界に対して祭司の務めを果たすためです。使徒ペテロも言います。「しかし、あなたがたは選ばれた種族、王である祭司、聖なる国民、神のものとされた民です。それは、あなたがたを闇の中から、ご自分の驚くべき光の中に召してくださった方の栄誉を、あなたがたが告げ知らせるためです。」（Iペテロ二・九）

大祭司がイスラエル一二部族の名を刻んだ石を身に付けたように、私たちも世界の人々を心に抱きながら、神の前にとりなし祈りましょう。彼らを愛し、招いておられる神様の恵みを、人々に証ししてまいりましょう。

◇誰かに近づくために、他の誰かに仲立ちをしてもらったことがありますか。
◇祭司の務め（役割）をまとめて、自分なりに表現してみましょう。
◇祭司としての使命を果たすため、あなたにできることは何でしょうか。

第17回　とりなす者

出エジプト記三二・一－一四、三〇－三四

シナイ山の上でモーセに律法が告げられ、いよいよ民にそれらのことが伝えられようとするとき、山の下でおそるべきことが起こりました。モーセが山に登って以来、一向に下りて来る気配がないことに戸惑い、次第に苛立ちを募らせていた民が、アロンに次のような要求をしたのです。「さあ、われわれに先立って行く神々を、われわれのために造ってほしい。」（出エジプト記三二・一）詰め寄る人々を何とか静めようと、アロンは民に金の耳輪を外して持ってくるよう求めます。それによって彼らは金の子牛を鋳造します。民は翌日祭りをして騒ぎます。

神様はこれを知られ、何が起こったかをモーセに伝えます。そしてモーセに「今は、わたしに任せよ。わたしの怒りが彼らに向かって燃え上がり、わたしが彼らを絶ち滅ぼすためだ。しかし、わたしはあなたを大いなる国民とする」と告げられます。（出エジプト記三二・一〇）

律法が伝えられようとする矢先、イスラエルの民はこのことを起こし、その結果、彼らは大きな危機に直面します。この時、神様の前に立ってとりなしたのがモーセでした。

現代も世界は様々な破れや痛みに満ちています。このような世界の有様を見るとき、私たちはどうしたらよいでしょうか。モーセの姿に学びます。

一、とりなすモーセ、思い直される神

ここで神が告げられたのは、イスラエルの民を滅ぼし、新たにモーセを一つの民とするというお考えでした。モーセは「それもよいか」とは考えませんでした。民が滅びることのないように、懸命に神様にとりなしました。

主よ。あなたが偉大な力と力強い御手をもって、エジプトの地から導き出されたご自分の民に向かって、どうして御怒りを燃やされるのですか。（出エジプト記三二・一一）

神様が偉大な御力でこの民をエジプトの地から導き出されたのではないでしょうか、エジプト人に神様がなさったことを誤解させてよいでしょうか、父祖たちになさった約束を思い起こしてください、「どうか……思い直してください」と訴えました。（出エジプト記三二・一二）

結果、驚くべきことが起こりました。「すると**主**は、その民に下すと言ったわざわいを思い直され

た。」（出エジプト記三二・一四）偉大なる神が、一人の人の訴えに耳を傾け、お考えになったことを「思い直された」のです。

聖書は神様のこのような一面を私たちに伝えています。偉大な神として、人がどう願い、祈ろうと、ご自分のお考えを貫くこともおできになります。しかし、神様は小さな私たちの祈りに耳を傾け、時には一旦示されたことをもお変えになることさえあります。否、このような時、神様はむしろ、私たちがそのように神に祈ることを待っておられるのではないでしょうか。

「主は人がいないのを見て、とりなす者がいないことに唖然とされた。」（イザヤ書五九・一六）預言者イザヤの時代、イスラエルは罪に満ちていました。嘆かわしい国の有様を指摘しながら、イザヤはもう一つのことを指摘しました。それは、「とりなす者がいない」ということでした。民の現状を憂い、民のために神の前に立ち、とりなす者がいないことを、神が憂えておられると告げました。

今、世界には様々の破れがあるかもしれません。そのような現状に対して、神様は今も「とりなす者」を求めておられるのではないでしょうか。

二、怒るモーセ

しかし、とりなす者となるということは、人々のために神の前に立つだけでは終わりません。山から下りたモーセは、民の踊り騒ぐ音を耳にします。宿営に近づき、金の子牛が祭られ、人々が踊り騒いでいる様子を目にしたとき、彼は、どうしたでしょうか。

宿営に近づいて、子牛と踊りを見るなり、モーセの怒りは燃え上がった。そして、手にしていたあの板を投げ捨て、それらを山のふもとで砕いた。（出エジプト記三二・一九）

彼は民の姿を目にしたとき、怒りを表わしました。そして、十戒の板を砕きました。神様との間に結んだばかりの契約は、民の愚かな行動により一方的に踏みにじられた……そのことを、彼は怒りのうちに表現しました。

モーセは兄アロンに向かっても「どうして」と詰問します。アロンは、「どうか怒りを燃やさないでください」と言いつつ（出エジプト記三二・二二）、「民が要求してきたから。金を火に投げ入れたら、これが出てきた」といった、愚かにも見える弁明をします。モーセはレビ族の人々の協力を得て、神に反逆した者たちを三千人打ち倒します。

民のために神の前に立ったモーセは、同時に、神のために民に向かってその愚かを指摘し、神の御怒りを告げ知らせます。ここに、とりなす者としてのもう一つの面を見ることができます。

三、もし、かなわないなら

翌日、モーセは民に言います。「あなたがたは大きな罪を犯した。だから今、私は**主**のところに上って行く。もしかすると、あなたがたの罪のために宥めをすることができるかもしれない。」(出エジプト記三二・三〇)

「宥めをする」と訳される言葉は、本来、「覆う」という意味を持ちます。ここでは民の罪を贖うという意味でしょう。モーセはどのようにそれをしようとしたでしょうか。

ああ、この民は大きな罪を犯しました。自分たちのために金の神を造ったのです。今、もしあなたが彼らの罪を赦してくださるなら——。しかし、もし、かなわないなら、どうかあなたがお書きになった書物から私の名を消し去ってください。(出エジプト記三二・三一―三二)

「もしかなわないなら」とモーセが申し出たのは、「あなたがお書きになった書物から私の名を消し去ってください」ということでした。モーセの言う書物がどのようなものなのか、また、モーセ自身がその書物をどう考えていたのか、定かでない面もありますが、モーセが大きな犠牲を申し出たことは確かです（ダニエル書一二・一、二参照）。そして、モーセはそのように神様に申し出ながら、何とか彼らを赦してやって頂きたいと願い出ます。

神様はモーセの願い出を受け入れなさいませんでした。「わたしの前に罪ある者はだれであれ、わたしの書物から消し去る」と、あくまでも罪の報いは本人が受けることを告げられました。但し、「わたしが報いる日に、わたしは彼らの上にその罪の報いをする」と、罪の報いを与えるのは後の日だと言われました（出エジプト記三二・三三、三四）。

モーセの願い出は、神の御心を動かしたことでしょう。しかし、本当の意味で罪を贖うことができるのは、全く罪のないお方、御子イエス・キリストだけです。モーセの姿は、キリストの姿の予型として理解することができます。

キリストがすべての人の罪の代わりに十字架に死なれた今、私たちはこの贖いのみわざに基づき、愚かさと罪、破れと痛みの中にある人々のために神にとりなし、祈る者となることができます（Iテモテ二・一）。キリスト者は皆、神と世界との間に立つ祭司として召されているからです（Iペテロ二・九）。

◇間違った道を進んでいる人々の姿を見て、心を痛めたことがありますか。

◇神様が「思い直す」ということについて、どのように感じますか。（出エジプト記三二・一四）

◇今、周囲の状況を見たとき、神様にとりなし、祈りたいことがありますか。

第18回　わたしの臨在がともに行く

出エジプト記三三・一－一七

モーセのとりなしによって直ちに滅ぼされることを免れたイスラエルの民でしたが、神様はモーセに次のように語られました。

わたしはあなたがたの前に一人の使いを遣わし、カナン人、アモリ人、ヒッタイト人、ペリジ人、ヒビ人、エブス人を追い払い、乳と蜜の流れる地にあなたがたを行かせる。しかし、わたしは、あなたがたのただ中にあっては上らない。あなたがたはうなじを固くする民なので、わたしが途中であなたがたを絶ち滅ぼしてしまわないようにするためだ。（出エジプト記三三・二、三）

これは、生き残って約束の地に行く者をモーセとその子孫だけとしようという当初の神様のご提案に比べると格段によい提案に思えます（出エジプト記三二・一〇）。しかし、この提案では当初予定されていたものの中から大切なものが取り除かれていました。それは、神の臨在が彼らの中にあること、神が彼らの中にあって共に行ってくださることでした。神の民とされたイスラエルとして、それはなくてはならないものでした。現代、神の民とされている私たちも、何にも増して大切にしなければならないものであると、このエピソードは告げています。

一、悪い知らせ

まず、このような神の提案を告げられたイスラエルの民は、それをどう受け止めたでしょうか。

民はこの悪い知らせを聞いて嘆き悲しみ、一人も飾り物を身に着ける者はいなかった。

（出エジプト記三三・四）

「天使であっても伴ってくれて、私たちを約束の地まで導いてくれるのであれば、それもよいか」と彼らは考えませんでした。神の提案は、彼らにとって「悪い知らせ」でした。神の臨在に伴われ、神の臨在の前にある幸いをいくらかでも味わってきた彼らとしては、それは決して「良い知らせ」ではありませんでした（出エジプト記一三・二一、二二、二四・一〇、一一）。それゆえ、彼らは嘆き悲しみ、飾り物を身から取り外してその悲しみを表明しました。

イエス・キリストの恵みにより神の民とされた私たちは、日々神様に伴われ、神の臨在の中で生きていくことができます。しかし、それが私たちにとってどんなにかけがえのない恵みであるか、忘れてしまっていることがないでしょうか。それは私たちが決して失ってはならない恵みなのです。

二、宿営の外か、民のただ中か

さて、山を下りてからのモーセは、天幕の中で神様と語り合っていました。モーセはそれを「会見の天幕」と呼んでいました。その天幕は宿営の外、離れたところに設けられていました（出エジプト記三三・七、八）。

モーセがその天幕に入ると、雲の柱が降りて来て、天幕の入り口に立った。こうして主はモーセと語られた。雲の柱が天幕の入り口に立つのを見ると、民はみな立ち上がって、それぞれ自分の天幕の入り口で伏し拝んだ。主は、人が自分の友と語るように、顔と顔を合わせてモーセと語られた。（出エジプト記三三・九－一一）

モーセが天幕に入ると、神の臨在を示す雲の柱が降りて来て、天幕の入口に立ちました。民も、その様子を見ることができ、その様子を見るたびに自分の天幕の入口で神様を伏し拝みました。

そこでも神様とモーセとの語らいは、「人が自分の友と語るように、顔と顔を合わせてモーセと語られた」と表現されています。親密な神様との語り合いがそこにはありました。

しかし、この状況は微妙なものを含んでいました。神の臨在が直ちに民から離れ去ってはいない…この点では、民を安堵させるものがありました。宿営の外ではあっても、会見の天幕に神の臨在の柱が示され、民はそれを見ることができました。

しかし、モーセがシナイ山の上で告げられていたのは、神様が民の「ただ中に住む」というご計画でした。そのために幕屋が設けられ、祭司が立てられるはずでした（出エジプト記二五・八、二九・四四、四五）。それこそが「会見の天幕」と呼ばれるはずでした（出エジプト記二八・四三）。後に示されたところによれば、幕屋は民の宿営の真ん中に設置されるはずでした（民数記二・二）。そのようにして、神の臨在は彼らのただ中に示され、留まるはずでした。

宿営の外の天幕に示された神の臨在は、これからの民の歩みに伴うものとなるのか、伴うとしてもどのような形で伴うのか、民を不安にさせるものでもありました。

三、わたしの臨在がともに行く

モーセは主に訴えます。「あなたは私に『この民を連れ上れ』と言われます。しかし、だれを私と一緒に遣わすかを知らせてくださいません。（略）どうかあなたの道を教えてください。」（出エジプト記三三・一二、一三）これは、モーセがこれからの歩みに、民の指導者として非常な不安を覚えていることを表現したものと言えるでしょう。これに対して、神様は次のように語られました。

主は言われた。「わたしの臨在がともに行き、あなたを休ませる。」（出エジプト記三三・一四）

民が神のご提案を「悪い知らせ」と受け止め、嘆き悲しんだこと、モーセがこれからの歩みに非常な不安を表明したことを受け、神様は「わたしの臨在がともに行く」と語ってくださいました。「わたしの臨在」と訳されている表現は、直訳すれば「わたしの顔」です。モーセが顔と顔とを合わせて神と語り合ったように、神様との親密な交わりを約束するお言葉でした。

しかし、なお不安がありました。「あなた」とは、モーセのことでしょうか、民全体のことでしょうか。ヘブル語表現では、どちらにも理解可能でした。モーセはなお神様に食い下がります。「もしあなたのご臨在がともに行かないのなら、私たちをここから導き上らないでください。私とあなたの民がみこころにかなっていることは、いったい何によって知られるのでしょう。それは、あなたが私たちと一緒に行き、私とあなたの民が地上のすべての民と異なり、特別に扱われることによるのでは

ないでしょうか。」（出エジプト記三三・一五、一六）
主はモーセに「そのことも、わたしはしよう」と仰ってくださいました（出エジプト記三三・一七）。神の民が他の民と違っているのは、神が共に行ってくださることだ、それ以外ではありえないと考えたモーセの訴えが、聞き届けられた瞬間でした。
イエス・キリストを通して神は今、私たちのただ中に住んでくださいます（エペソ二・二二）。私たちが神の民として生きていくときに、この恵みがいかに大切なものであって、無くてならないものであるかを覚えましょう。キリストの恵みによりいよいよ豊かに神の臨在を示していただいて、ご一緒くださる神様を見上げながら共に歩みを進めてまいりましょう。

◇誰かから「一緒に行かない」と言われて困ったことがありますか。
◇引照付きの『聖書　新改訳２０１７』等により、「（わたしの）臨在」（出エジプト記三三・一四）の直訳は「顔」であることを確認しましょう。
◇個人として、教会として、神の臨在を覚えながら歩んでいくために、どんなことに留意したいですか。

第19回　やり直しの恵み

出エジプト記三四・一－一〇、四〇・三四－三八

金の子牛事件により滅亡の危機に陥ったイスラエルの民は、モーセのとりなしを通して滅びを免れ、これからの旅路においても変わらず神の臨在が伴ってくださることになりました。しかし、この事件のタイミングは最悪とも言うべきものでした。すなわちそれは、モーセが民に律法を告げ、契約を結んだばかりの時でした。また、シナイ山で幕屋製作や祭司任命のための指示を受け、それらを民に伝えようとしていた矢先の出来事でした。果たして神様は、民との契約や幕屋の製作などをどうされるおつもりなのでしょうか。

出エジプト記の三四章以降、この書の最後までを見ると、神様はこれらのすべてをもう一度最初からやり直させておられるように思えます。再度契約が結ばれ、律法が民に伝えられます。幕屋は最初の指示通り製作され、祭司が任命されます。そして、出来上がった幕屋に神の臨在が留まるのです。

民に対する神のご計画は、出鼻をくじかれたように見えましたが、神様は彼らをあわれみ深く導き、すべてをやり直させ、再スタートさせているようです。ここにはやり直しの恵みがあります。

一、石の板

まず、神様はモーセに二枚の石の板を用意させます。

主はモーセに言われた。「前のものと同じような二枚の石の板を切り取れ。わたしはその石の板の上に、あなたが砕いたこの前の石の板にあった、あのことばを書き記す。朝までに準備をし、朝シナイ山に登って、その山の頂でわたしの前に立て。……」（出エジプト三四・一、二）

先に用意され、十戒を書き記した二枚の石の板は、民の騒ぎを目にしたモーセによって砕かれていました。それは、民が一方的に契約を破ったことにより、既に契約は無効になってしまったということを示していました。しかし、ここで神様は二枚の石の板に十戒を書き記し、もう一度契約を結び直そうとしておられます。

二、主の名の宣言

二枚の石の板を持って山に登ってきたモーセに対して、神様はご自分の名を宣言されます（出エジプト記三四・五）。

主は彼の前を通り過ぎるとき、こう宣言された。「**主**、**主**は、あわれみ深く、情け深い神。怒るのに遅く、恵みとまことに富み、恵みを千代まで保ち、咎と背きと罪を赦す。しかし、罰すべき者を必ず罰して、父の咎を子に、さらに子の子に、三代、四代に報いる者である。」

（出エジプト記三四・六、七）

ここで神様が語っておられることは、神様が十戒の第二戒、すなわち偶像礼拝を禁じる戒めを告げる中で語られた言葉に似ています（出エジプト記二〇・五、六）。モーセはその言葉を聞きながら、自分たちが犯した罪を改めて覚えたことでしょう。

しかし、以前に語られ時に比べ、この時のお言葉にはいくつかの点が加わっています。「**主**、**主**は」と、ヤハウェというお名前を繰り返し語っておられる点、そして、「あわれみ深く、情け深い神。怒るのに遅く、恵みとまことに富み……咎と背きと罪を赦す」と付け加えておられる点です。

民は罪を犯しました。十戒からすれば、罰せずにはおかれないものでした。しかし、神様は彼らの悔い改めの姿勢を目にされたとき、彼らの罪を赦し、回復を備えられました。罪に対する罰は与えなければなりませんが、神様はあわれみ深く、情け深い神、罪を赦す神。そういう神様として「わたしはある」（出エジプト記三・一四）、そういう神としてこれからもあなたがたを導く……そう語っておられるようです。

三、再契約

神の宣言を聞いたモーセは、地にひざまずき、ひれ伏します。そして、「ああ、主よ。もし私がみこころにかなっているのでしたら、どうか主が私たちのただ中にいて、進んでくださいますように。確かに、この民はうなじを固くする民ですが、どうか私たちの咎《とが》と罪を赦し、私たちをご自分の所有としてくださいますように」と言います（出エジプト記三四・九）。既に神様は彼らの罪を赦し、彼らと一緒に行くことを約束くださったのに、くどいようにも見えます。しかし、約束の内容を確認するとともに、一度は破棄された契約を再度目に見える形で結んでいただきたいという訴えでしょう。神様はこの訴えに応えられます。

今ここで、わたしは契約を結ぼう。（出エジプト記三四・一〇）

こう言われて、神様は以前にもモーセに告げられた戒めの数々を再び語り直されます（出エジプト記三四・一二－二六）。そして、主は告げられます。「これらのことばを書き記せ。わたしは、これらのことばによって、あなたと、そしてイスラエルと契約を結んだからである。」（出エジプト記三四・二七）こうして、モーセは十戒を記した石の板を抱え、もう一度山を下りていきます。モーセの顔は輝いており、民はモーセが神様と語り合ったことを悟ります。一度は破棄された契約を神様は再び結んでくださったのです。

四、臨在の恵み

三五章～四〇章には、いよいよ幕屋の製作作業が実行に移されます。その内容は、二五～三一章でモーセに告げられた内容そのままです。冗長とも思える程、同じ内容が記されています。しかし、その間には金の子牛事件がありました。そこで、すべては中断したかもしれなかったのです。神様はすべてを赦し、事件前のご指示通りに、幕屋を造らせなさいました。

幕屋が完成したとき、何が起こったでしょうか。

そのとき、雲が会見の天幕をおおい、**主**の栄光が幕屋に満ちた。モーセは会見の天幕に入ることができなかった。雲がその上にとどまり、主の栄光が幕屋に満ちていたからである。

（出エジプト記四〇・三四、三五）

神様が臨在の雲によって幕屋を覆い、主の栄光が幕屋に満ちました。その栄光のゆえにモーセが幕屋の中に入ることができない程でした。「彼らにわたしのための聖所を造らせよ。そうすれば、わたしは彼らのただ中に住む。」と言われた以前のお言葉が成就した瞬間でした（出エジプト記二五・八）。

私たちは、イスラエルの民同様、弱く迷いやすい者です。神の恵みを知り、神様と共に歩みを進めようとしても、瞬く間に失敗するような者であるかもしれません。しかし、罪は罪として認めつつ、心砕かれ、悔い改めをもって神に近づくなら、神様は赦しを備えてくださいます。あわれみ深い神は、すべてをやり直し、もう一度臨在の恵みを与え、共に進んでくださいます。このお方を見上げつつ、信仰の旅路を続けましょう。

◇何かをしようとして、最初の段階で躓いた経験がありますか。

◇出エジプト記二〇・五、六と三四・六、七とを比較して、内容が同じところ、違っているところを確認しましょう。

◇継続的に神の臨在の中で生きるためには、どうしたらよいと思いますか

第20回　神へのささげ物

レビ記一・一－九、七・三七、三八

レビ記は、出エジプト記に続き、神がモーセを通して与えられた律法を記します。大きな主題としては、聖なる民としてのあり方を扱いますが、その前提として、最初に幕屋でのささげ物について教えています（一－七章）。

現在、私たちは神様に対して動物や穀物のささげ物をするわけではありませんが、イスラエルの民にとって、これらのささげ物は大切なものでした。必要に応じてささげられるこれらのささげ物が、彼らと神様との関係を表現していました。当時の民にとって、これらのささげ物がどのような意味を持っていたのか、また、今の私たちがこれらの教えをどう受け止めたらよいのか、確認しましょう。

一、全焼のささげ物

ささげ物にはいくつかの種類がありましたが、最も基本的なささげ物は全焼のささげ物と呼ばれるものでした。牛、羊、鳥などの動物の肉を祭壇の上で燃やします。既に教えられていたように、毎日、朝に夕にささげるべきもので（出エジプト記二九・三八－四二）、「火は絶えず祭壇の上で燃え続けさせなければならない」と言われました（レビ記六・一三）。

そのささげ物が牛の全焼のささげ物である場合には、傷のない雄を献げなければならない。その人は自分が主の前に受け入れられるように、それを会見の天幕の入り口に連れて行き、その全焼のささげ物の頭に手を置く。それがその人のための宥めとなり、彼は受け入れられる。

（レビ記一・三、四）

「全焼のささげ物」と訳される言葉は、「上って行く」を意味する言葉（アーラー）から生れています。ささげられた動物は、その肉すべてが祭壇の上で焼かれ、その香りが神の御前に上っていくところからそう呼ばれています。ですから、このささげ物は献身を表わすものと言えるでしょう。

同時に、これをささげる人は、「ささげ物の頭に手を置く」よう命じられ、「それがその人のための宥めとなり、彼は受け入れられる」と言われます。自覚された特定の罪のためには、後に出てくる「罪のきよめのささげ物」がささげられますが、全焼のささげ物もまた、人が罪を贖われることなしに神に受け入れられることはないことを示しています。

全焼のささげ物は、罪贖われ、神に受け入れられた者として、自分自身を丸ごと神様におささげする献身の表れとしてささげられるものと言えるでしょう。

二、交わりのいけにえ

「交わりのいけにえ」もまた、牛や羊、やぎといった動物の肉をささげます。これらは、「感謝のため」、「誓願」のため、あるいは「進んで献げるもの」とされます（七・一一－一六）。

そのささげ物が交わりのいけにえの場合には、献げようとするのが牛であるなら、雄でも雌でも傷のないものを**主**の前に献げなければならない。（略）アロンの子らは、これを祭壇の上で、火の上の薪の上にある全焼のささげ物に載せて、焼いて煙にする。これは**主**への食物のささげ物、芳ばしい香りである。（レビ記三・一、五）

「全焼のささげ物に載せて」ということですから、罪の贖いと日々の献身を基本としながら、感謝や誓願など、自発的な思いでささげられるものです。全焼のささげ物はすべてが焼かれ、穀物のささげ物は幾分か祭司が食するものとされたのに対して（二・二）、交わりのいけにえは神にささげられる分、祭司が食する分、ささげた者が食する分に分けられました（七・一四、一五、申命記一二・一七、一八）。ですから、このささげ物は神と民との親しい交わりを示唆しているようです。

私たちと神様との交わりの土台は罪の贖いにあります（三・二）。同時に、神様は私たちの自発性を喜んでくださいます。時に応じて、感謝や誓願を神様におささげしながら、私たちが神との交わりを豊かなものにしていくことを、神様は喜んでくださいます。

三、罪のきよめのささげ物

「罪のきよめのささげ物」は、人が罪に陥り、その責めを自覚するようになったときに献げるものです。ささげる者の立場（祭司、会衆全体、族長、民衆の一人）によってささげる動物が指定されています。

民衆の一人が、主がしてはならないと命じたことの一つでも行って、気づかずに罪に陥ってしまったが、後になって責めを覚える場合、または、自分が陥っていた罪が知らされた場合には、その人が陥っていた罪のために、ささげ物として傷のない雌やぎを連れて来る。そして、その罪のきよめのささげ物の頭に手を置き、全焼のささげ物の場所で罪のきよめのささげ物を屠る。祭司はその血を指に付け、それを全焼のささげ物の祭壇の四隅の角に塗る。その血はすべて祭壇の土台に流す。（略）こうして祭司はその人のために宥めを行う。そして彼は赦される。

（レビ記四・二七－三一）

罪のきよめのささげ物の特徴の一つは、ささげられた動物の血を祭壇の土台に流すだけでなく、祭壇（または香の祭壇）の角に塗るとされたことです。「いのちとして宥めを行うのは血である」と言われるように（レビ記一七・一一）、動物の血が流され、いのちが犠牲にされることを通して罪の宥め（贖い）が成立し、「彼は赦され」ます。

四、キリストによるささげ物

現在、私たちはこのようなささげ物をおささげする必要はありません。その理由は、私たちの罪のきよめのために、永遠の大祭司イエス・キリストが一度限りの完全なささげ物としてご自身をおささげくださったことにあります。

しかしキリストは、すでに実現したすばらしい事柄の大祭司として来られ、人の手で造った物でない、すなわち、この被造世界の物でない、もっと偉大な、もっと完全な幕屋を通り、また、雄やぎと子牛の血によってではなく、ご自分の血によって、ただ一度だけ聖所に入り、永遠の贖いを成し遂げられました。（ヘブル九・一一、一二）

律法に記された幕屋と、そこでささげられる様々なささげ物は「来るべき良きものの影」と言われます。それに対して、キリストが大祭司として仕えておられる天の聖所と、そこにささげられた永遠のささげ物は「本体」、「実物」です（ヘブル九・二三、一〇・一）。罪の贖いは、十字架の上で完全になされています。本体である完全なささげ物がささげられた以上、もはやその影であるささげ物がささげられる必要はありません。

私たちはキリストによる完全な贖いの恵みを土台としながら、自分自身を丸ごと神におささげして生きることができます（ローマ一二・一）。また、賛美と感謝、善いわざをおささげしながら、神との親しい交わりの中で生きていくことができます（ヘブル一三・一五、一六、詩篇五〇・一四）。ご一緒に、この恵みの中に生きていきましょう。

◇聖書通読の試みがレビ記で止まったことがありますか。

◇今回学んだ三種のささげ物は、いずれも動物の血が祭壇に注がれたことを確認しましょう。（レ

ビ記一・五、三・二、四・七）

◇レビ記のささげ物の規定の中から、今の自分に適用できることがありますか。

第21回　祭司の任職

レビ記八・六－一四、三三－三六

幕屋でのささげ物についての教えに続き、アロンとその子らに対して、祭司としての任職が行われます。祭司の務めについては、出エジプト記二八章で記されているところに従い、既に学びました。祭司は、民を代表し、民のかわりに神の御前に出る役割を担います。それにより、神様と民との間に交わりの場が整えられるようにすること……それが祭司の務めでした。

現在、祭司と呼ばれる人々がいるわけではありません。しかし、大祭司イエス・キリストがその役割を担っていてくださいます。同時に、神の民とされた私たち一人ひとりが、全世界に対して祭司の役割を持つ者とされていることを学びました。

ここまで、シナイ山のふもとで幕屋での働きについて教えられてきましたが、ここで遂に祭司の任職が行われます。任職の様子を見ながら、私たちがどのように祭司としての務めを果たしていったらよいのか、考えてみましょう。

一、きよめられ、油を注がれる

最初に祭司としての装束を身に付けます。（それらの意味については、既に少し学びました。）その前後、注目すべきことがなされました。

モーセはアロンとその子らを近づかせ、彼らを水で洗った。（略）また、注ぎの油をアロンの頭に注いだ。こうして彼に油注ぎを行い、彼を聖別した。（レビ記八・六、一二）

水で洗うことは、罪による汚れを洗いきよめられることを意味するでしょう。それから祭司としての装束を身にまといます。そして、頭に油が注がれます。これらのことは、祭司として聖別されるために必要な手順でした。

この箇所では何気なく書かれていますが、これ以降、イスラエルの歴史の中でこれらのことは大切な意味を持つようになります。すなわち、神様の特別な働きに就く者は、その聖別のために、同様に頭に油を注がれることになります。祭司だけでなく、王や預言者にも油が注がれました（Ｉサムエル記一六・一三、Ｉ列王記一九・一六）。それは、聖霊の力によって聖別され、その職務に当たることの象徴でした。

しかし、これらの指導者たちが、神の御心から逸れていき、民は滅びに向かって進んでいきます。そのような中、やがて来るべきお方として、メシア（油注がれた者）が来られることが、様々な形で示されるようになります。その後、時至ってイエス様がメシア（キリスト）としておいでになります。このお方こそは王の王、大祭司、預言者の中の預言者として立つべきお方でした。

私たちはこのお方により救われ、神の民とされ、同時に祭司としての務めを与えられました。罪を悔い改め、水のバプテスマを受けると共に、聖霊を頂きました。これは、イエス様ご自身がその模範を示されたことでもありました（マタイ三・一三－一七）。悔い改めて罪をきよめられ、聖霊によって油注がれることは、祭司の務めを果たすために必要不可欠なことです。

二、動物のささげ物

次に、アロンとその子らのために、各種のささげ物がささげられます。まずは、罪のきよめのささげ物が献げられました。

それから彼は罪のきよめのささげ物の雄牛を近寄らせた。そこで、アロンとその子らは、その罪のきよめのささげ物である雄牛の頭に手を置いた。（レビ記八・一四）

続いて、全焼のささげ物がささげられます。罪贖われ、きよめられ、それに基づいて自らを神にお献げすることが、祭司としての務めの土台となります。

これらのことは、祭司がその働きを進めていくうえで、継続してなされます。たとえば、任職直後、祭司としての働きの最初に行ったのも、罪のきよめのささげ物と全焼のささげ物を献げることでした(レビ記九・二)。そのようにしながら、彼らは、神の前にひとりの罪人として、常に罪贖われる必要を告白し、罪を赦され、きよめられて、献身を更新しながら奉仕を続けることができました。

イエス・キリストは自分の罪のためではなく、私たちの罪のためにご自身を十字架の上に献げてくださいました(ヘブル七・二七)。その死により罪贖われ、神の民とされ、祭司の務めさえ与えられた私たちは、日々、この贖いの恵みに生かされていく必要があります。明確に罪を自覚する時はもちろん、そうでない時も、いつもこの恵みに立つことにより、神の御前に出ることができます。

三、耳、手、足に血を

次に任職のささげ物が献げられます。

次に、彼はもう一匹の雄羊、すなわち任職のための雄羊を連れて来させた。アロンとその子らはその雄羊の頭に手を置いた。それが屠られると、モーセはその血を取り、それをアロンの右の耳たぶと右手の親指と右足の親指に塗った。（レビ記八・二二、二三）

任職のささげ物で注目されるべき点は、その血が右の耳たぶ、右手の親指、右足の親指に塗られたことでしょう（レビ記八・二三、二四）。これは、全身がきよめられ、聖別されることを表しています。祭司としての務めを果たすため、どんな声にも優り、神の御声に耳を開いておく必要があります。手はいつも神のみわざをなすために聖別される必要があります。足もまた聖別されて、神が遣わされるどこにでも赴く用意がなされるべきです。

四、七日間

また、あなたがたの任職の期間が終了する日までの七日間は、会見の天幕の入り口から出てはならない。あなたがたを祭司職に任命するには七日を要するからである。（レビ記八・三三）

祭司への任職のためには、七日間が必要とされました。毎日、同じようにささげ物をささげ、その間、天幕の中で過ごすことが求められました（出エジプト記二九・三五、三六）。

神様のために祭司としての務めを果たすために、私たちはよく訓練され、整えられる必要があります。働きのために十分備えられることは、一朝一夕でできることではありません。生涯かけて訓練され続けることが必要です。

世界は、罪と混乱に満ちています。このような世界の中で、彼らに義の道を示し、神様にある幸いな歩みへとお導きする使命は、簡単なものではありません。日々きよめられ、聖霊の助けを頂きながら、重大なこの使命を果たさせていただきましょう。

◇何かの職や立場に就くため、式に参加したことがありますか。
◇私たち信仰者には、祭司としての務めが与えられていることを確認しましょう（Ⅰペテロ二・九）。
◇今の自分にとって、祭司としての務めを果たすことは、具体的にどのようなことだと思いますか。

第22回　異なる火

レビ記一〇・一－一一、一六－二〇

アロンとその子らが祭司としての任職を受け、初仕事して神へのささげ物を献げた直後のことでした。恐ろしい出来事が起こりました。

さて、アロンの子ナダブとアビフはそれぞれ自分の火皿を取り、中に火を入れ、上に香を盛って、主が彼らに命じたものではない異なる火を**主**の前に献げた。すると火が**主**の前から出て来て、彼らを焼き尽くした。それで彼らは**主**の前で死んだ。（レビ記一〇・一、二）

祭司は、民の代表として神の前に出ていく者。しかし、神の前に出るこの働きには大きな危険があることが明らかにされました。ここには、キリスト者として神の前に生きる私たちにとっても、知っておくべき大切なことがあります。

一、異なる火

ナダブとアビフは、アロンの四人の子たちのうち、一番目と二番目の子どもたちでした。彼らは「主が彼らに命じたものではない異なる火を主の前に献げた」と言われます。彼らが献げた「異なる火」とは、何だったのでしょうか。

色々な理解がなされます。祭壇の上の火を用いるべきであったのに用いなかった（レビ記一六・一二）。定められた香の成分や割合とは違う香を献げた（出エジプト記三〇・九、三四、三五）。あるいはその両方であったかもしれません。

もう一つ、伝説として伝えられていることがあります。彼らはその時泥酔していたというのです。彼らが死んだ直後、神様がアロンに告げられたのは、以下のようなことでした。

会見の天幕に入るときには、あなたも、あなたとともにいる息子たちも、ぶどう酒や強い酒を飲んではならない。あなたがたが死ぬことのないようにするためである。これはあなたがたが代々守るべき永遠の掟である。（レビ記一〇・九）

彼らは酒を飲み、酔った状態で香を献げたのかもしれません。そのために、彼らの判断力が鈍り、「規定通りでなくても、別にこれでいいじゃないか」という判断に陥ったのかもしれません。しかし、もしそうだとすれば、それは敬虔な態度で行われるべき祭司としての務めをないがしろにすることでした。そのような不敬虔さこそが「異なる火」の実質であったと見ることもできるでしょう。「異なる火」を献げた彼らに対して、「火が主の前から出て来て、彼らを焼き尽くし」ました（レビ記一〇・二）。「私たちの神は焼き尽くす火なのです」とあるように（ヘブル一二・二九）、このお方の前に不敬虔な態度で出ようとすることほど、恐ろしいことはありません。

二、聖なるものと俗なるものの区別

アロンの子らが死んだ直後、モーセはアロンに次のように語りました。「主がお告げになったことはこうだ。『わたしに近くある者たちによって、わたしは自分が聖であることを示し、民全体に向けてわたしは自分の栄光を現す。』」（レビ記一〇・三）

また、アロンに対して祭司の務めの前に酒を飲んではならないことを告げられた後、神様が続いて語られたことは、次のようなことでした。

こうしてあなたがたは、聖なるものと俗なるもの、また汚れたものときよいものとを分け、また、主がモーセを通してイスラエルの子らに告げたすべての掟を、彼らに教えるのである。

（レビ記一〇・一〇、一一）

レビ記はこの後、きよいものと汚れたものの区別についての律法が続きます。祭司は民がそのような律法を守って生きるよう、教え、指導すべき立場の者でした。そのようにして神が聖なるお方であることを示すのが彼らの務めでした。そのような務めを与えられた彼らは、自ら「聖なるもの」と「俗なるもの」、「汚れたもの」と「きよいもの」の区別を守って生きる必要がありました。そのようにしてこそ、イスラエルの民にもその区別を大切にする生き方を教えることができるはずでした。

私たちは、現代の祭司として、世界の人々のために神の前にとりなし祈り、神のみ心を人々に教え示す役割が与えられています（Ⅰペテロ二・九）。このような尊い務めを果たすために、私たち自身が聖なるものと俗なるものの区別について、敏感な心を持ち続けることは大切です。

三、神を畏れる心

それにしても、二人の息子たちの遺体が外に運び出された後、モーセがアロン、また残された二人の息子たちに語った言葉をどう理解したらよいでしょうか。

あなたがたは髪の毛を乱してはならない。また衣を引き裂いてはならない。あなたがたが死ぬことのないように、また御怒りが全会衆に下らないようにするためである。しかし、あなたがたの身内の者、すなわちイスラエルの全家族は、主が焼き殺した者のことを泣き悲しまなければならない。（レビ記一〇・六）

アロン、エルアザル、イタマルは亡くなった二人のために、髪の毛を乱したり、衣を引き裂いたりして、悲しみを表現することをとどめられました。他方、その他の民たちは彼らのことを「泣き悲しまなければならない」と言われました。

家族の死を前に、彼らの心にも悲しみが宿ることは当然のことです。しかし、そうであっても、祭司としての務めは中断されるべきではありませんでした。また、このような状況の中でその悲しみを大袈裟に表現することは、神様がなさった裁きに対する抗議の表現と紙一重でした。最初は悲しみの表現としてそのようにしたとしても、それが神様へのつぶやきや反抗の表現へと移行していくことは十分あり得ることでした。それは彼らの命が危険にさらされることであり、場合によっては全会衆をも巻き添えにしかねないことでした。状況を瞬時に見極めたモーセは、彼らを守る意味で、そのように指示したのでしょう。

他方、それらのことの後、罪のきよめのささげ物の処理についてさらに一波乱ありました。聖所で食べるべきとされていた罪のささげ物の雄やぎが焼かれてしまっていました。それを知ったモーセが、エルアザルとイタマルを問い詰めたとき、アロンはモーセに答えました。「見なさい。今日、彼らは自分たちの罪のきよめのささげ物と全焼のささげ物を主の前に献げたが、このようなことが私の身に降りかかったのだ。今日、私が罪のきよめのささげ物を食べていたら、そのことは主の目に良しとされただろうか。」（レビ記一〇・一九）

彼らはショックのあまり、ささげ物を食する気持ちになれなかったのかもしれません。また、彼らの心には神を畏れる心で一杯だったことでしょう。食べてよいとされているささげ物の肉ではありましたが、食べる資格がないように思われたのではないでしょうか。アロンがそのような心境を訴えたとき、「モーセはこれを聞き、それでよいとした」といいます（レビ記一〇・二〇）。

ナダブとアビフが裁かれたのも、単に規定通りにしなかったからというのではなく、神を畏れる心なしに、不敬虔な心と態度で神に近づいたからでした。他方、アロン、エルアザル、イタマルがしたことは、必ずしも規定どおりではありませんでしたが、神様を畏れる心からのことでしたので、よしとされたのでしょう。

神様が見ておられるのは、外側の行為以前に、私たちの心のありようです。神の御前に出る幸いを多くの方々に証しするために、私たち自身が敬虔な心で日々神の前に出る者とされましょう。

◇最近、ショックを受けることがありましたか。

◇レビ記一〇・七の言葉からは、祭司の務めについてどのようなことが教えられますか。

◇今後、神様の前に出るとき、どのようなことに心を留めたいですか。

第23回　聖なる者と　レビ記一一・一－八、四四－四七

アロンとその子らが祭司に任職された後、彼らには一つの務めが託されました。それは、きよいものと汚れたものを区別する方法を民に教えることでした。その区別は食物や身体の状態、衣服や建物の状態にまで及んでいました（一一－一五章）。これらの教えは、現代の信仰者にそのまま当てはめるわけにはいかない内容を多く含んでいます。しかし、同時に、その内容をさらによく見れば、現代の信仰者が「聖なる者」として生きていくために、知っておくべき大切なことがあるのに気づかされます。

一、守られるために

イスラエルの子らに告げよ。次のものは、地上のすべての動物のうちで、あなたがたが食べてもよい生き物である。（レビ記一一・二）

食べてよいもの（きよいもの）と、食べてはいけないもの（汚れたもの）の区別はどこにあったでしょうか。ひづめが完全に分かれており、反芻するものはきよいものとして、食べてよいとされました。これに対して、岩だぬき、野うさぎ、豚などは、これらの条件を満たさないため、汚れたものとされました。

現在、私たちは豚肉も調理しておいしく食べます。しかし、当時は衛生上の知識が乏しく、たとえば豚肉も十分火を通さずに食べれば、寄生虫などによる病気を引き起こす可能性が大きくありました。現代は寄生虫や感染症についての知識も普及し、これらの知識をもとに危険を避けることができます。しかし、当時の人々にとって、まずはある種の動物を食べないことがリスク回避の早道でした。

これは食べてよい、これは食べてはいけないと、その区別を覚えることは少々面倒なことに思えたかもしれません。しかし、この律法を守ることによって、彼らは危険な病気の数々から守られました。後に、イエス・キリストは「すべての食物をきよいとされた」と言います（マルコ七・一九）。ですから、このような規定を現代も杓子定規に守る必要はありません。しかし、覚えておきたいのは、神様が何かを禁じられるとすれば、理由があるということです。それは私たちを愛し、私たちを悪いものから守りたいからだということです。

二、区別することを学ぶ

食べてよいきよいものと、食べてはいけない汚れたものとについての規定は、レビ記一一章全体で扱われています。その最後は以下のように結ばれています。

以上が、動物と鳥、また水の中にうごめくすべての生き物と、地に群がるすべての生き物についてのおしえであり、それによって、汚れたものときよいもの、食べてよい生き物と食べてはならない生き物とが分けられるのである。（レビ記一一・四六、四七）

これらの教えによって、これは食べてよい、これは食べてはいけないと、彼らは区別しながら生きるようになります。先に見たように、ここでの「きよい」、「汚れた」というのは、倫理的なことではなく、主として衛生的な面からのことです。しかし、このことによって彼らは、神様がよしとされるきよい生き方と、いけないとされる汚れた生き方とを区別しながら生きることを学び取ることができたと言えるでしょう。

倫理的な面では、彼らはすでに十戒を通して、神様との関わり、人とのかかわりについて、正しいあり方を教えられていました。しかし、これらの戒めをただ額に飾って置いておくというのでなく、自分自身の日々のあり方を照らし、求めるべき生き方と避けるべき生き方とを見分けながら生きる必要がありました。日々の食事をはじめ、身体の状態、衣服や建物の状態なども律法に照らしながら生きるように命じられた彼らは、何事も神様のみことばに照らしながら、善悪正邪を見分けて生きるよう、訓練されたことでしょう。

複雑な社会に私たちは生きています。現実社会には異なる価値判断が数多く存在していることも確かです。何が善であるか、何が間違ったことであるか、判断に迷うこともあるでしょう。しかし、神様は私たちをご自分のかたちに創造し、私たちが人としていかに生きるべきであるか、みことばによって教えていてくださいます。この時代にあっても、みことばに照らしていただき、神様のみまえに正しく、きよい生き方を見分けていきたいものです。

三、聖なる神の民として

さて、このような戒めを守るべき根本的な理由を神様は次のように示されました。

わたしはあなたがたの神、**主**であるからだ。あなたがたは自分の身を聖別して、聖なる者とならなければならない。わたしが聖だからである。あなたがたは、地の上を這ういかなる群がるものによっても、自分自身を汚してはならない。わたしは、あなたがたの神となるために、あなたがたをエジプトの地から導き出した**主**であるからだ。あなたがたは聖なる者とならなければならない。わたしが聖だからである。(レビ記一一・四四、四五)

「わたしが聖だからである」と繰り返しておられます。私たちが「聖なる者」とならなければならない根本的な理由は、神様が聖なるお方だからです。

実は、「聖」と訳されていることばは、分離する、切り離すといった意味合いを持つことばです。神様が聖なるお方であるということは、どんな被造物からも遠く隔たっておられるということです。人間を含め、どんな被造物も、このお方の栄光の前には無に等しいものです。信仰者は皆、この聖なる神の民とされています。だからこそ、私たちもまた「聖」なる者とならなければなりません。

私たちが「聖なる者」とされるとはどういうことでしょうか。神の前に間違った生き方から自らを分離し、遠ざけ、神のものとして自らを聖別して生きるということです。

実際には、私たちは心ならずも過ちを犯すことがあるでしょう。「間違った」と思うことがあります。そういう時も、そのことをごまかさないで、神の前に心から悔い改めます。間違った生き方から自らを引き離し、神様に向かって歩き続けます。そのように心砕かれて歩むとき、神様は私たちを聖別された者として受け入れ、伴い、神の民として導いてくださいます。
あらゆる被造物から分離しておられる聖なるお方が、心砕かれた者とともに歩んでくださるとは何という恵みでしょう。「いと高くあがめられ、永遠の住まいに住み、その名が聖である方が、こう仰せられる。『わたしは、高く聖なる所に住み、砕かれた人、へりくだった人とともに住む。へりくだった人たちの霊を生かし、砕かれた人たちの心を生かすためである。……』」（イザヤ書五七・一五）
聖なるお方、恵み深い主を見上げ、いよいよ自らを神のものとして聖別し、歩んでまいりましょう。

◇豚肉（レビ記一一・七参照）や、かに、えび（レビ記一一・一〇参照）は好きですか。
◇イスラエルの民に今回学んだ教えが与えられていなかったら、どうだったと思いますか。
◇今回学んだことに基づいて、心がけたいことがありますか。

第24回　愛の戒め　レビ記一九・一―一八

イスラエルの民は、聖なる神に仕える民として、聖なる民となるようにと、数々の戒めが与えられました。しかし、その中心に教えられているのは常に、神を愛し人を愛する生き方でした。聖なる民として生きるとは、愛に生きること……大切なこの点を確認しましょう。

一、聖＝愛

イスラエルの全会衆に告げよ。あなたがたは聖なる者でなければならない。あなたがたの神、**主**であるわたしが聖だからである。（レビ記一九・二）

ここでも神様は、民が「聖なる者」でなければならないこと、その根本的な理由は神ご自身が「聖」だからだということを語っておられます。

「聖」とは、分離するとか、切り離すとかいう意味を持つことを学びました。これは大切な点ではありますが、誤解されやすい点でもあります。「聖者」と言われると、場合によっては、人との交わりを断ち、隠遁生活をするような人を思い浮かべることがあるかもしれません。しかし、「聖」は「愛」です。愛は近づき、語り合い、相手の存在を喜び、大切にすることです。「聖」とは、相手と距離を置くことではなく、愛に背いて自己中心に生きることから離れることです。

実際、「聖なる者でなければならない」と語られた後、神様が語られたことは、神を愛し、人を愛することであり、それらを日常生活の中で具体的に実践することでした。

二、神を愛する

それぞれ、自分の母と父を恐れなければならない。また、わたしの安息日を守らなければならない。わたしはあなたがたの神、**主**である。あなたがたは偶像の神々に心を移してはならない。また、自分たちのために鋳物の神々を造ってはならない。わたしはあなたがたの神、**主**である。

（レビ記一九・三、四）

まず、「自分の母と父を恐れなければならない。」と語られます。最も身近な存在である親との関係を教えているようですが、イスラエルの民にとって親は神の戒めを教えてくれる存在でもありました。そのことを踏まえると、彼らにとって親を恐れるということは、神を恐れることでもありました（箴言一・七、八）。

「わたしの安息日を守らなければならない。」週に一度、仕事も休んで、神を礼拝する日として一日を聖別することを教えます。愛は相手のための時間を取ります。家族を大切にすると言いながら、仕事だけに追われて、家族のための時間を取ろうとしないなら、本当の意味で家族を大切にしているかと問われます。同様に、神を愛する、神を大切にしていると言うなら、神様のために時間を確保し、その時間を大切にするでしょう。その時間が他のいろいろなことに奪い去られることがないよう、注意を払います。それは、「〇〇してはいけない」ということ以上に、愛の問題です。

「あなたがたは偶像の神々に心を移してはならない。また、自分たちのために鋳物の神々を造ってはならない。わたしはあなたがたの神、**主**である。」私たちは生けるまことの神様を愛します。それは同時に、偽りの神々を退けることを意味します。伴侶に向かって「愛しています」と言いながら、他の異性にも近づくとしたら、それは配偶者への背信行為となります。

「偶像」と訳される言葉（エリーリーム）は、「無い」「虚しい」という意味を持ちます。形はあっても命はない、本当の神ではないものを拝んだり、そのようなものに心を向けたりしたとしても、それはただ虚しいだけです。これらのものから聖別され、これらのものを遠ざけることを通して、私たちは生けるまことの神様への愛を純真なものとすることができます。

三、人を愛する

あなたがたが自分の土地の収穫を刈り入れるときは、畑の隅々まで刈り尽くしてはならない。収穫した後の落ち穂を拾い集めてはならない。（略）盗んではならない。欺いてはならない。互いに偽ってはならない。（略）あなたの隣人を虐げてはならない。かすめてはならない。日雇い人の賃金を朝まで自分のもとにとどめておいてはならない。あなたは耳の聞こえない人を軽んじてはならない。目の見えない人の前につまずく物を置いてはならない。あなたの神を恐れよ。わたしは**主**である。不正な裁判をしてはならない。弱い者をひいきしたり強い者にへつらったりしてはならない。あなたの同胞を正しくさばかなければならない。あなたは、民の中で人を中傷して回り、隣人のいのちを危険にさらすことがあってはならない。わたしは**主**である。心の中で自分の兄弟を憎んではならない。（レビ記一九・九－一七）

「収穫した後の落ち穂を拾い集めてはならない。」後にルツ記に描かれ、ミレーの絵にもなったように、ルツは生活のために人の畑の落ち穂を拾い集めました。これは不正なことでなく律法によって許されていることでした。この戒めは、自分のことだけでなく、貧しい人のことを配慮しながら生きることを教えています。

「盗んではならない。」人の所有物を大切にし、横取りするようなことはしません。

「欺いてはならない。互いに偽ってはならない。」偽りや欺きによって人を害してはいけないということです。

「あなたの隣人を虐げてはならない。かすめてはならない。日雇い人の賃金を朝まで自分のもとにとどめておいてはならない。」社会的な立場を利用して、自分に益となるよう行動し、弱い立場にある人を害してはいけないということです。

「耳の聞こえない人を軽んじてはならない。目の見えない人の前につまずく物を置いてはならない。あなたの神を恐れよ。わたしは**主**である。」聴覚、視覚、その他において障害を持つ人のことを軽んじてはならず、大切にすることを教えます。

「不正な裁判をしてはならない。」正しく公平に裁判することを求めます。

「民の中で人を中傷して回り、隣人のいのちを危険にさらすことがあってはならない。」最近はネット上での誹謗中傷が問題となり、法律の改正も行われました。「民の中で人を中傷して回る」ということが、時には「隣人のいのちを危険にさらす」ことでもあると自覚したいものです。

「心の中で自分の兄弟を憎んではならない。」神様は私たちの心を問題にされます。実際に人に害を与えるに至らずとも、心に憎しみを持つことを神様はよしとされません。「復讐してはならない。」何らかの害を受けたとしても、自分が神様の立場に立ってその報いを受けさせようとしてはいけないということです。人を裁くことは神の領域であり、私たちがなすべきことは人を愛することです。

これらの戒めは、現代社会にも通用するものです。人を大切にして生きること、互いを配慮し、その幸せを願いながら生きることを教えています。そして、これらの教えは次の一句に集約されます。

あなたの隣人を自分自身のように愛しなさい。わたしは**主**である。（レビ記一九・一八）

「聖なる者」とは、人々から孤立して生きることではありません。神を愛し、神を大切にする生き方、人を愛し、人を大切にする生き方です（マタイ二二・三五－四〇参照）。聖なる神様は愛においてその聖なるご性質を表されます。私たちも神を愛し、人を愛しながら、聖なる民として生きてまいりましょう。

◇「聖なる者」と言えば、どんなイメージを持ちますか。
◇これらの戒めの中に、現代社会でクローズアップされてきている点と重なる戒めがありますか。

◇特に心したいと感じた戒めがありますか。

第25回　聖なる会合、神への祭り　レビ記二三・四－一一、一五－一七、三四－三六

聖なる民としての生き方を教える中で、神様は「聖なる会合、主の例祭」の持ち方を教えられました（レビ記二三・二、四）。これは、週ごとの安息日に加え、神の恵みを覚える会合として、年ごとに持つものでした。現代の教会でも、主日（日曜日）ごとの礼拝のほかに、時を定めて聖会を開催することがありますが、神の恵みを新しく覚えるときとして大切にしたいものです。

ここでは、イスラエルの民にとっての三大祭りを中心に、その意義を学びます（申命記一六・一六）。

一、種なしパンの祭り

第一の月の十四日には夕暮れに過越のいけにえを主に献げる。この月の十五日は主への種なしパンの祭りである。七日間、あなたがたは種なしパンを食べる。（レビ記二三・五、六）

この祭りは、イスラエルの民にとっては民族としての原点を確認するものであったと言えます。既に学びましたように、出エジプトの出来事を背景として、「第一の月の十四日には夕暮れに過越のいけにえを主に献げ」ました。また、「この月の十五日は主への種なしパンの祭り」で、七日間、種なしパンを食べました。過ぎ越しのいけにえをささげることと、種なしパンの祭りは、後には一体のものとして扱われるようになったようです(ルカ二二・一)。

ここで言う「第一の月」は、ユダヤ暦による月で、春分の日以降の新月の日から始まります。春の祭りと言ってもよいようですが、この祭りの一番大切な意義は、神様が自分たちをエジプトの奴隷状態から救い出してくださり、神の民として召してくださったことを覚えるところにありました。

彼らは、過越のいけにえをささげながら、出エジプトの出来事の中で、子羊の血を家の戸口に塗り、エジプト中に起こった災いから守られたことを覚えました。また、種なしパンを食べながら、エジプトからの慌ただしい旅立ちを思い起こしました。

千数百年後、過越の祭りの日、イエス・キリストは弟子たちと最後の食事会をなさいました。翌日十字架に付けられることを思いながら、弟子たちにパンを裂き渡し、ぶどう酒を分かち与えました。私たちはこの時のことを覚えて、今でも聖餐式を行ないます。それによって、神様がキリストの十字架のご犠牲によって私たちを罪と死との奴隷状態から贖い出してくださったことを思い返します。

ちなみに、種なしパンの祭りの中で、「安息日の翌日」、すなわち日曜日が来ますと、初穂の祭りを行なうようにとの規定がありました（レビ記二三・一〇、一一）。春の時期ですから、大麦の収穫が始まる時期です。実際に収穫が始まるのは、約束の地に導かれてからのことですから、律法が与えられた時点では将来の話でしたが、その時になれば収穫の初穂を神にささげることが命じられていました。

キリストが過越の日に十字架に死なれた後、翌日は安息日ですから、三日目の日曜日には初穂の祭りが行われたことでしょう。ちょうどその日、「キリストは、眠った者の初穂として死者の中からよみがえられ」たことは、不思議なことです。（Ⅰコリント一五・二〇）

キリストの十字架上での死とご復活により、私たちに与えられた大きな恵みを覚え、神様を賛美しましょう。

二、七週の祭り

あなたがたは、安息日の翌日から、奉献物の束を持って行った日から満七週間を数える。七回目の安息日の翌日まで五十日を数え、あなたがたは新しい穀物のささげ物を**主**に献げる。

（レビ記二三・一五、一六）

「安息日の翌日から、奉献物の束を持って行った日から」とは、初穂の祭りをさします。初穂の祭りから七週間後の「安息日の翌日」（日曜日）、七週の祭りを行います。初穂の祭りは大麦の収穫の初穂をささげましたが、七週の祭りでは小麦の収穫の初穂をささげます。「小麦粉にパン種を入れて焼いたものを二つ、奉献物としてのパンとして持って行く」ことになります（レビ記二三・一七）。

キリストはよみがえられた後、四十日にわたり弟子たちに姿を現されましたが、その後、天に挙げられました。その前にキリストは弟子たちに聖霊の注ぎを待ち望むように命じておられましたので、弟子たちは聖霊の注ぎを祈り続けました。十日後のその日は、ちょうどユダヤ人の祭り、五旬節（ペンテコステ）でした。ペンテコステは五十日を意味し、七週の祭りのことをギリシア語で表現したものでした。

こうして、主を信じる弟子たちは聖霊を受け、復活の主の証人として立ち上がり、大胆な宣教活動を始めます。ユダヤ人だけでなく、異邦人にも宣教の輪は広がります。ちょうど七週の祭りの日に二つのパンがささげられたように、聖霊の働きの中でユダヤ人と異邦人の両方が、神様のもとに立ち返ることになりました（ローマ一五・一六）。

私たちは毎年、ペンテコステの日に、二千年前の聖霊降臨の恵みを記念して礼拝をおささげします。しかし、聖霊が注がれることは単に過去の恵みではありません。信じる者の心には今も聖霊が注がれ、それによって内をきよめられ、新しくされ、宣教の働きに遣わされます。この時代にも聖霊の豊かな注ぎをいただき、宣教の働きを力づけていただいて、多くの方々を神様のもとにお導きしたいものです。

三、仮庵の祭り

イスラエルの子らに告げよ。この第七の月の十五日には、七日間にわたる**主**の仮庵の祭りが始まる。（レビ記二三・三四）

「第七の月の十五日」は、今でいえば九月終わりから十月はじめですので、秋の祭りと言えます。「土地の収穫をし終える」時期（オリーブやブドウなど）として（レビ記二三・三九）、「収穫祭」とも呼ばれます（出エジプト記二三・一六）。

この祭りで特徴的なのは、「七日間、仮庵に住まなければならない」という点です（レビ記二三・四二）。「最初の日に、あなたがたは自分たちのために、美しい木の実、なつめ椰子の葉と茂った木の大枝、また川辺の柳を取り、七日間、あなたがたの神、**主**の前で喜び楽しむ。」（レビ記二三・四〇）出エジプト後、四十年間、荒野で旅をする間、彼らは仮の住まいを設けながらの移動生活を続けました。やがてそのような生活を終え、神が約束された地に住まい始めたとき、彼らは荒野での旅路を守られた神様の恵みを思い、喜びにあふれて仮庵の祭りを行なったことでしょう（レビ記二三・四三）。

後に使徒ペテロは、小アジアのクリスチャンたちに宛てた手紙の中で、「あなたがたは旅人、寄留者」と言っています（Ⅰペテロ二・一一）。使徒パウロは、「私たちの国籍は天にあります」と言い、私たちが天に属する者であることを強調しています（ピリピ三・二〇）。今、地上での歩みにおいては戦いがあり、困難も経験します。時には信仰故に孤独を感じたり、不自由さを感じたりすることもあります。しかし、やがては「天の故郷」に帰り、永遠の御国に迎えられます（ヘブル一一・一六）。その時の喜びを先取りしながら、神を仰ぎつつ地上での歩みを続けてまいりましょう。

◇教会で開催される聖会に参加したことがありますか。

◇年三度の祭りの開催については、律法のはじめに既に命じられていることを確認しましょう（出エジプト記二三・一四－一七）。

◇キリストの死と復活による恵み、信じる者に与えられる聖霊の恵み、将来備えられている永遠の都の恵みを覚えるとき、神への感謝と賛美をどのような形で表わしたいですか。

第26回　ヨベルの年

レビ記二五・八－一三、二三、三九－四二

神様がイスラエルの民に示された律法の中には、近代国家の法律と比べても類まれなものが含まれていました。ヨベルの年の規定もその一つです。まず、七年に一度土地を休ませる安息の年の規定がありました（レビ記二五・二－四）。そして、安息の年が七回巡ったところで、五十年目を聖別し、これをヨベルの年と呼びました。この年は、解放の年でした。

あなたがたは五十年目を聖別し、国中のすべての住民に解放を宣言する。これはあなたがたのヨベルの年である。あなたがたはそれぞれ自分の所有地に帰り、それぞれ自分の家族のもとに帰る。（レビ記二五・一〇）

ここには、貧しい者に対する神様の深いご配慮が示されています。同時に、将来メシアによって与えられる偉大な解放の恵みが指し示されています。

一、解放宣言の年

ヨベルの年に解放の宣言がなされたのは、具体的には土地の所有に関してであり、身売りした人についてでした。

　このヨベルの年には、あなたがたはそれぞれ自分の所有地に帰る。（レビ記二五・一三）

まずは、土地の所有についてです。たとえば、貧しい人がその貧しさのゆえに土地を手放す必要が生じたとします。この時、その土地は永久的に人の手に渡ってしまうわけではなく、ヨベルの年には元の所有者のもとに戻ってくると言うのです。

これは、私たちが馴染んでいる土地売買の制度からすればあり得ないことですが、実は、土地売買の時点で、ヨベルの年には元の所有者に戻されることを前提として売買がなされます。すなわち、売買代金は、土地そのものの代金というよりは、ヨベルの年までその土地で収穫される予想作物量に基づいて支払われる仕組みでした。

貧しさゆえに、身売りせざるを得ない場合も同様でした。

もし、あなたのもとにいるあなたの兄弟が落ちぶれて、あなたに身売りしても、彼を奴隷として仕えさせてはならない。彼はあなたのもとでは雇い人か居留者のようでなければならず、ヨベルの年まであなたのもとで仕える。こうして彼とその子らはあなたのもとから出て行き、自分の一族のもと、自分の先祖の所有地に帰る。（レビ記二五・三九－四一）

貧しさゆえ身売りする場合も、イスラエルの民の間では、永久的に同胞を奴隷として所有をすることは許されていませんでした。その人を引き取り、身代金を与えますが、奴隷としてではなく、期間限定でその人を雇い人のように扱うことになります。身代金は、ヨベルの年までの期間を計算し、それに応じた代金とします。永久に奴隷となったわけではありませんので、ヨベルの年までに親族の誰かが買い戻してくれるかもしれませんし、そうでなくてもヨベルの年には解放されるという仕組みでした。

二、ヨベルの年の原理

どうしてこのような制度が律法の中に規定されたのでしょうか。

土地は、買い戻しの権利を放棄して売ってはならない。土地はわたしのものである。
（レビ記二五・二三）

彼らは、わたしがエジプトの地から導き出した、わたしのしもべである。奴隷の身分として売られてはならない。（レビ記二五・四二）

「土地はわたしのもの」、「彼らは、わたしがエジプトの地から導き出した、わたしのしもべ」……ここにヨベルの年の原理がありました。土地は神様のものであり、エジプトから導き出したご自分の民に割り当てられたものでした。また、イスラエルの民はエジプトの奴隷状態であったところから、神のしもべとして召し出された者たちであって、人の奴隷となるべきではないということでした。

貧しさゆえに一時的に土地を手放したり、身売りに追いやられたりしたとしても、永遠的にそうなのではない、ヨベルの年には必ず解放され、もとの状態に戻される…これがヨベルの年の原理でした。

三、ヨベルの年の実現――キリストによる解放

このような律法が民に示された後、イスラエルの民の歴史はどのように進んだでしょうか。彼らは律法に示された神の御心に次第に背くようになりました。神様の祝福は遠ざかり、やがては国の破滅にまで至ります。土地は敵国に占領され、民は敵地に捕え移され、敵国の地での生活を余儀なくされます。せっかくエジプトの地から解放されたにもかかわらず、再び他国の支配下に置かれてしまいます。

預言者たちは、このような出来事が彼らの罪ゆえであると指摘します。同時に、このような状態からの回復がやがて現れるメシアによって備えられると告げます。預言者イザヤの次のような言葉は、その一つでした。

神である主の霊がわたしの上にある。貧しい人に良い知らせを伝えるため、心の傷ついた者を癒やすため、**主**はわたしに油を注ぎ、わたしを遣わされた。捕らわれ人には解放を、囚人には釈放を告げ、**主**の恵みの年、われらの神の復讐の日を告げ……（イザヤ書六一・一、二）

まるで、民全体が土地を手放し、奴隷状態に陥ったようなイスラエルに対して、ヨベルの年を来たらせるといった内容の約束でした。

それから七百年以上経ったとき、イエス・キリストが現れます。その宣教活動の初期、ナザレの町でイザヤ書のこの個所を朗読します。その後、イエス様は驚くべき宣言をなさいます。

イエスは巻物を巻き、係りの者に渡して座られた。会堂にいた皆の目はイエスに注がれていた。イエスは人々に向かって話し始められた。「あなたがたが耳にしたとおり、今日、この聖書のことばが実現しました。」（ルカ四・二〇、二一）

それはヨベルの年実現の宣言のようでした。イスラエルの民に限らず、自らの罪のゆえに、滅びに向かう道に捕えられているすべての者に、イエス様は解放を与えるために現れてくださいました。

ヨベルの年は、「(ユダヤ暦で）第七の月の十日に角笛を鳴り響かせる」ところから始まりました（レビ記二五・九）。これは「宥めの日」と呼ばれ、一年に一度、民の一年間の罪が赦され、きよめられるための日でした。

解放の前に赦しが必要です。赦しのためには罪の贖いが必要でした。イエス・キリストは私たちの罪のために十字架に死に、私たちの罪のための身代金を支払ってくださり、赦しと解放を備えてくださいました。

悔い改めと信仰により、このお方から赦しと解放の恵みを受け取りましょう。そして、ヨベルの年に角笛が鳴り響いたように、キリストによる解放の恵みを声高らかに人々に証ししましょう。

◇借金に苦しんだことがありますか。
◇土地売買の目安となる「ヨベルの後の年数」とは何を意味しますか（レビ記二五・一五）。
◇キリストによる赦しと解放の恵みを受け取りましたか。

第27回　祝福、懲らしめ、そして回復

レビ記二六・三－四、一一－一六、四〇－四五

シナイ山にて、神様はモーセに長らく戒めを語ってこられました（出エジプト記二〇章～レビ記二五章）。本章はその結論部分です。語られた戒めに民がどのように応じるのかが問われています。同時に、そこに示された神様の御心を私たちもしっかり受け止めたいものです。

一、祝福

もし、あなたがたがわたしの掟に従って歩み、わたしの命令を守り、それらを行うなら……

（レビ記二六・三）

まずは、神様が示された掟に従って歩み、その命令を守り、行う場合の祝福が告げられます。農産

物は豊かに備えられ、地には平和が宿り、子孫は繁栄します。

わたしは、あなたがたのただ中にわたしの住まいを建てる。わたしの心は、あなたがたを嫌って退けたりはしない。わたしはあなたがたの間を歩み、あなたがたの神となり、あなたがたはわたしの民となる。（レビ記二六・一一、一二）

何よりも大きな祝福は、神様が民の間に親しくご自分の臨在を示し、神と民との間に妨げるもののない関係が備えられることです。

ここに、神の御心が示されています。神様の願いは私たちが神の豊かな祝福にあずかることです。そのために御心を示し、それを行うことができるよう、具体的な形まで明らかにしてその道を示されます。イスラエルの民に示された形と、現代の信仰者に示されている形は、外見上は異なるかもしれませんが、その精神においては同じです。私たちが神を愛し、人を愛して生きること、それによって私たちが神の豊かな祝福のうちに歩むこと、神の臨在の前に、喜びと平和をもって生きること……これが神の願いです。

二、懲らしめ

しかし、もし、あなたがたがわたしに聞き従わず、これらすべての命令を行わないなら、また、わたしの掟を拒み、あなたがた自身がわたしの定めを嫌って退け、わたしのすべての命令を行わず、わたしの契約を破るなら……（レビ記二六・一四、一五）

従うときに与えられる祝福と同時に、従わないときに与えられる懲らしめが明らかにされます。恐れの心、心身の不調、作物の不作、戦いの敗北……。

懲らしめは、人々が悔い改めて、彼らが神に立ち返ることを願って与えられます。しかし、懲らしめにも関わらず彼らが悔い改めないのであれば、懲らしめは続くばかりか、徐々に重くなっていきます。「もし、これらのことが起こっても、あなたがたがなおもわたしに聞かないなら、わたしはさらに、あなたがたの罪に対して七倍重く懲らしめる。」（レビ記二六・一八。レビ記二六・二一、二四、二八も参照。）

「天を鉄のように、あなたがたの地を青銅のように」とは、日照り続きで、収穫のためのあらゆる努力が無駄に終わることを示すものでしょう（レビ記二六・一九）。人口や家畜の減少、戦いへの敗北、疫病の蔓延、極度の食料不足といった懲らしめにも関わらず彼らが悔い改めない場合、状況は深刻化し、破滅へと突き進むことになります。町々は廃墟となり、聖所でさえ荒れ果て、地は荒廃します。やがて国は滅び、敵が地を食い尽くし、民は国々の間に離散するようになると言います。

シナイ山で律法が語られたこの時点で、民はそのような状況を想像することもできなかったでしょう。その時点では、民は概ね、戒めに従い、神の祝福をいただきたいという願いも確かに持っていたに違いありません。しかし、イスラエルの民の歴史を見るとき分かるのは、ここに警告されていることが、一度にではありませんでしたが、長い歴史的経過を経て、徐々に現実になっていくことです。神の御心を示されても簡単に御心から離れてしまう人間の愚かさ、弱さ、罪深さ……イスラエルの歴史は人間のそうした悲しい現実を明らかにしています。

三、契約に基づく回復

戒めを行なえば豊かな祝福が備えられます。戒めに背くなら、数々の災いが訪れます。これはシナイ山で結ばれた契約の内容です。何とかして祝福を与えたいという神様の願いにも関わらず、彼らはやがてこの契約に背き、徐々に破滅の道に向かっていきます。王国は南北に分かれ、時期的には多少ずれますが、南北王国ともにやがては滅び、民は離散、大国に捕われ移されます。

しかし、事はそれでおしまいとはなりません。神様は、彼らの父祖たちと結ばれた契約を思い起こされるからです。

このわたしが彼らに逆らって歩み、彼らを敵の国へ送り込むのである。もしそのとき、彼らの無割礼の心がへりくだるなら、そのとき自分たちの咎の償いをすることになる。わたしはヤコブとのわたしの契約を、またイサクとのわたしの契約を、さらにはアブラハムとのわたしの契約をも思い起こす。（略）彼らは自分たちの咎の償いをすることになるが、それはただ、彼ら自身がわたしの定めを退け、わたしの掟を嫌って退けたゆえである。それにもかかわらず、彼らがその敵の国にいるとき、わたしは彼らを退けず、彼らを嫌って絶ち滅ぼさず、彼らとのわたしの契約を破ることはない。わたしが彼らの神、**主**だからである。わたしは彼らのために、彼らの父祖たちと結んだ契約を思い起こす。（レビ二六・四一－四五）

ヤコブ、イサク、さらにはアブラハムと結ばれた契約とは何でしょうか。それは、彼らを約束の地に導き、彼らの子孫を増し加えるというものでした（創世記一二・一－三等）。シナイ山で結ばれた契約だけであれば、イスラエルの民は滅んで終わりであったかもしれません。しかし、シナイ山での契約は神様がアブラハムと結ばれた契約によって支えられていました。民が戒めに背き、神への不従順を深め、遂には国の破滅、民の離散という憂き目に遭うとき、神様は彼らの父祖たちと結ばれた契約を思い起こされます。それゆえ、神様は彼らを敵国の中で滅ぼし尽くすことはされません。彼らのために回復の道を備えられます。そのための具体的な道筋はこの時点では明らかにされませんが、歴史的進展の中で、回復がメシアを通して備えられることが徐々に明らかにされていきます。

これは、イスラエルの民だけの話ではありません。私たちも同じ弱さ、罪深さを持ちます。神の御心を知らされても、愚かにも御心に背いて破滅の道をたどろうとします。そういう私たちのために、神は御子イエス様をメシアとして遣わしくださいました。その十字架の死と復活を通して、罪赦され、新しくされる恵みが備えられています。聖霊の助けにより、神の御心を喜び、行い、神の豊かな祝福の中で歩むようにと招かれています。そのようにして、私たちも主キリストにあって、霊的なアブラハムの子孫としての祝福を受けます（ガラテヤ三・一四、二九）。もともと異邦人であった私たちも、神様がアブラハムと結ばれた契約に支えられているのです。

人間は自分自身の弱さ、罪深さに直面して愕然とすることがあります。しかし、神様は私たちの弱さを先刻ご承知です。ご承知の上で、そのところから立ち上がり、神の豊かな祝福に回復される道を備えていてくださいます。神のあわれみの御手によりすがり、豊かな祝福の道へと進ませていただきましょう。

◇だめだと分かっていながら、してしまったことがありますか。
◇神の戒めを破り、懲らしめを受けたとき、備えられた回復への道へと進むための条件は何でしょうか（レビ記二六・四一）。
◇神の祝福を豊かにいただいて歩むために、今自分に必要なことは何だと思いますか。

第28回　荒野を旅する神の民

民数記一・一－三、二・一－九、三二－三四

シナイ山で律法を教えられてきたイスラエルの民ですが、いよいよシナイ山を旅立つ時が近づいていました。女性や子どもを含めると、二百万人とも言われる民がこの旅に加わります。食料など自由に手に入れることができるわけではありませんし、諸民族との戦いも覚悟しなければなりません。多くの困難が予想される旅を再開するにあたり、神様はモーセに氏族ごと、一族ごとに男子の数を調べさせました。(『民数記』という書名はこのことから付けられたものです。)この箇所から荒野を旅する神の民のあり方について、いくつかのことを学ぶことができます。

一、戦う民

イスラエルの全会衆を、氏族ごと、一族ごとに調べ、すべての男子を一人ひとり名を数えて、その頭数を調べよ。あなたとアロンは、イスラエルにおいて、二十歳以上で戦《いくさ》に出ることができる

者をすべて、その軍団ごとに登録しなければならない。（民数記一・二、三）

旅の再開のために神様が命じられたのは、男子の人数を調べさせることでした。男子のうち数えられたのは、「二十歳以上で戦に出ることができる者」すべてということですから、これは諸民族との戦いに備えてのものであることが分かります。荒野を旅する神の民は、戦う民でもなければなりませんでした。

調査は大雑把なものではありませんでした。「全会衆を、氏族ごと、一族ごとに調べ、すべての男子を一人ひとり名を数えて、その頭数を調べよ」とのご命令でした。ですから、イスラエル十二部族の中で該当者の数は漏れなく調べられました。十二部族の合計は六十万三千五百五十人とされましたが、その数は正確なものでした（一・四六、二・三二）。これは、いざ戦いとなれば、民が総力挙げて戦わなければならないことを意味しています。二十歳以上の健康な男子であれば、「わたしは無関係」と言うことは許されませんでした。

使徒ペテロは、イエス・キリストを信じるクリスチャンたちを「神の民」と呼びました（Ⅰペテロ二・一〇）。彼らの周囲には、神を知らない人々が取り囲んでおり、自分たちのあり方がいつも理解されるわけではありません。ですから、ペテロは彼らが「旅人、寄留者」であるとも言いました（Ⅰペテロ二・一一）。すなわち、そういう点では、現代の教会もまた荒野を旅する神の民であることに変わりはありません。

また、現代の神の民は、戦う民でもあります。神の民を「旅人、寄留者」と呼んだ直後、ペテロはこのように書いていています。「たましいに戦いを挑む肉の欲を避けなさい。異邦人の中にあって立派にふるまいなさい。」（Ⅰペテロ二・一一、一二）。ですから、この戦いは霊的な戦いです。パウロが言うように、「私たちの格闘は血肉に対するものではなく……天上にいるもろもろの悪の霊に対するもの」（エペソ六・一二）です。

神の民すべてが、この戦いによく備えることが必要です。

二、隊列を組んで

イスラエルの子らは、それぞれ自分たちの旗のもと、自分の一族の旗じるしのもとに宿営しなければならない。会見の天幕の周りに、距離をおいて宿営しなければならない。前方、すなわち東側に宿営する者は、軍団ごとのユダの宿営の旗の者でなければならない。（民数記二・二、三）

数えられたのは戦いに出ることのできる二〇歳以上の男子ですが、女性や子どもを含めると約二百万の民と言われます。そのような民が混乱なく旅を進めるために、旅の行進は、隊列を組み、秩序正しくなされるべきことが命じられました。十二の部族は四つのグループに分かれ、順序を決めて行進しました。宿営もまた、先頭から順番に宿営し、四つのグループはそれぞれの旗ごとに宿営すべきこと、会見の天幕を中心にして、先頭グループより、東（二・三）、南（二・一〇）、西（二・一八）、北（二・二五）の順番に宿営すべきことが命じられました。このような神のご指示によって、彼らは旅の行進も宿営も、秩序正しく、混乱なく進めることができました。

隊列を組み、スクラムを組んで前進すべきことは、現代の教会も変わりありません。現代、教会は教派・教団ごとに分かれ、各教会の中にも大きな群れを作っている教会もあれば、小規模の教会もあります。しかし、それぞれの地域教会、それぞれの教派・教団が、一定の秩序をもって、隊列を組みながら、一致をもって進むことは神の御心です。歴史的経緯の中で沢山の教派・教団があったとしても、協力できるところは協力しながら、スクラムを組んで宣教の働きに取り組んでいくことは願わしいことです。

三、神の臨在を中心として

男子の数は部族ごとに数えられましたが、レビ部族は数えられませんでした。ヨセフの子孫は、エフライム部族とマナセ部族の二つに分かれて数えられ、レビ以外の十二部族が戦いに備えました。

戦いの民に数えられなかったレビ部族には特別な役割が委ねられていました。幕屋を管理し、行進を始める際には幕屋を解体し、宿営する際には幕屋を組み立てる働きがありました。

イスラエルの子らは、それぞれ自分たちの旗のもと、自分の一族の旗じるしのもとに宿営しなければならない。会見の天幕の周りに、距離をおいて宿営しなければならない。（民数記二・二）

次に会見の天幕、すなわちレビ人の宿営が、これらの宿営の中央にあって進まなければならない。宿営する場合と同じように、彼らはそれぞれ自分の場に就いて、自分の旗に従って進まなければならない。（民数記二・一七）

宿営の中心には会見の天幕が置かれ、レビ人の宿営が置かれました。行進の際にも、隊列の真ん中に幕屋を扱うレビ人が進みました。荒野を旅する神の民の中心には、いつも神の臨在の場である幕屋が置かれました。神の民はいつも神の臨在を仰ぎ、神の臨在を中心として前進しなければなりません。復活の主イエス様が弟子たちを全世界への宣教に遣わされる際にも、「見よ。わたしは世の終わりまで、いつもあなたがたとともにいます。」との約束をもって遣わされました（マタイ二八・二〇）。

戦いには困難がつき物です。荒野の旅には相応の不自由さもあれば、危険もあります。しかし神の民、教会が、今一度神の臨在を仰ぎ、このお方に信頼して前進するなら、心配は無用です。

一人ひとりが戦う神の民としての自覚を持ちましょう。神の臨在を中心として、しっかりと隊列を組んで進みましょう。そのようにして私たちの旅を進めるなら、神ご自身が旅の行く末に責任を取ってくださいます。

◇不自由な旅を経験したことがありますか。
◇イスラエルの隊列のための四つのグループのいずれかを選び、各部族の人数の合計がグループ全体の人数に一致することを確認しましょう。
◇神の民の一員として進むために、心がけたいことがありますか。

第29回　祭司による祝福の祈り　民数六・二二－二七

荒野での旅の再開を前に、神様はアロンとその子ら、すなわち祭司として立てられた者たちに、イスラエルのための祝福の祈りをするよう命じられました。

「アロンとその子らに告げよ。『あなたがたはイスラエルの子らに言って、彼らをこのように祝福しなさい。（略）』……」（民数記六・二三）

このタイミングでこのようなご命令が与えられました。彼らが神の民として生きていくということは、神からの祝福を受ける民として生きていくことなのだと、お示しになろうとされたのでしょう。続いて命じられた祈りの内容を見るときに、私たちは神の祝福がどのようなものかを知ることができます。

一、祝福の中心

主があなたを祝福し……。主が御顔をあなたに照らし…。主が御顔をあなたに向け……。

（民数記六・二四－二六）

神様が教えられた祝福の祈りは、三つの文から成っていました。それぞれの文の前半に祝福の源泉、また中心は神様ご自身であることが示されています。「主があなたを祝福し」……私たちの祝福の源は神様だということです。「主が御顔をあなたに照らし」、「主が御顔をあなたに向け」……神の祝福の中心にあるのは、神の御顔です。神様が御顔を私たちに向けてくださること、そうして神様が私たちを御顔の光の中に置いてくださること、このようなことが神様の祝福の中心にあります。

神様の祝福は後に見るように大変内容豊かです。物質的祝福、精神的、霊的祝福、そのすべてを含んでいます。しかし、その中心には常に神様がおられます。そして、神の祝福の中心にあるのは、私たちに向けられた神の御顔そのものであり、私たちを照らす神の御顔の輝きです。

私たちは先輩の牧師より、「御顔の見える所、御声の聞こえる所で生活しなさい」と教えられてきました。神の御顔の見える所、神の御声の聞こえる所で生活することは、神の祝福が注がれるその場所で生きていくことを意味します。神様がにっこりして私たちを見ていてくださる、その御顔を見上げながら生きること。それこそが神様のあらゆる祝福の源泉であることを覚えましょう。

二、祝福の内容

あなたを守られますように。……あなたを恵まれますように。……あなたに平安を与えられますように。（民数記六・二四－二六）

三つの文の後半は、それぞれ神の祝福の内容を表現しています。

「あなたを守られますように」……神の守りがあることは祝福です。肉体的、経済的、霊的、その他様々な危険から守られるよう、神の御手によって守られていることは大きな祝福です。

「あなたを恵まれますように」……様々な祝福を通して神の愛と恵みが豊かに示されることです。

「あなたに平安を与えられますように」……「平安」と訳されるヘブル語は「シャローム」です。幸せ、健康、繁栄、救い……神様からの良い賜物すべてを含んでいます。

神の御顔が私たちに向けられるとき、そこには物質的、精神的、霊的、その他あらゆる祝福が備えられていきます。私たちがただ神の御顔に対して私たちの顔をしっかりと向けていくなら、あらゆる祝福を神様が備えてくださいます。

それは、苦難や貧しさ、不自由さや悲しみを経験しないということではありません。神様は信仰者がそのようなところを通ることがあると語っておられます。しかし、そのようなことの中にも、なお不思議なように神の祝福が色々な形で備えられていきます。

三、祝福を受け、祝福を祈る

神様はアロンとその子ら、すなわち祭司たちに、イスラエルの民のためにこのような祈りをささげるよう命じられました。そして、次のような約束の言葉を付け加えられました。

アロンとその子らが、わたしの名をイスラエルの子らの上に置くなら、わたしが彼らを祝福する。（民数記六・二七）

祭司の役割は重要でした。彼らがこのような祈りをささげ、神の御名をイスラエルの子らの上に置くことを続ける中で、民への祝福が備えられていくであろうと言われました。

祝福の源泉が彼らにあるわけではありません。祝福の源は神様です。神様は彼らが祈る前から、民を祝福し、彼らを祝福の中で導きたいと願っておられます。しかし、そのような神の願いを受け止めつつ、自分たちの願いとして神に祈り求めるよう、神様は祭司たちにその役割を与えられました。

既に見てきたように、実はそれは祭司の国とされたイスラエルの民全体の役割でもありました（出エジプト記一九・六）。そして、それは、イエス・キリストへの信仰によって祭司とされた私たちの役割でもあります（Ⅰペテロ二・九）。

私たちは、日々、神の祝福をいただきながら歩みます。それは、神の祝福が私たちにだけとどまるのではなく、私たちを通して私たちの周囲に神の祝福が広がるためでもあります。

神を知らず、神に背を向けた世界に、どんなに多くの災い、悲しみがあることでしょう。連日のように報道される痛ましい出来事の中に私たちは日々そのことを知らされています。そのような中で、自分たちだけが神の祝福を受けてよしとするのではない、周囲の人々、世界中の人々に神の祝福が注がれるよう、祈る使命が与えられています。

私たちが祈るとき、すぐに何かが変わったようには見えないかもしれません。しかし、忍耐深く祈り続けるとき、痛みと悲しみに満ちたこの地に、神の祝福が少しずつ広がっていくのを覚えることができるでしょう。私たちの小さな祈りを通しても、神様はこの地に祝福を広げたいと願っていてくださいます。

神の祝福を受け、神の祝福を祈る、私たちの生涯がそのような歩みでありますように。

◇誰かの祝福、幸せを祈ったことがありますか。
◇アロンとその子らに命じられた祝福の祈りの中で、表現が難しいと感じたところがありますか
(民数記六・二四－二六)。
◇神様のどんな祝福をいただきたいですか。また、これから祝福を祈っていきたい人がいますか。

第30回　臨在の雲に導かれて

民数記九・一五－二三

荒野での旅の再開に先立ち、確認しておくべきことがありました。それは、旅立つにしても、宿営するにしても、神の導きに従って旅立ち、宿営するということでした。旅立ちと宿営のタイミングは、神の臨在の雲の動きによって示されました。現代の神の民、教会も、神の導きによって前進し、神の導きによってとどまるべきことを確認しましょう。

一、幕屋が設営された日

幕屋が設営された日、雲が、あかしの天幕である幕屋をおおった。それは、夕方には幕屋の上にあって朝まで火のようであった。（民数記九・一五）

ここでは、幕屋が設営された日のことが振り返られています。幕屋設営の完成は、エジプト脱出後、

「第二年の第一の月、その月の一日」のことです（出エジプト記四〇・一七）。民数記の最初に取り上げられている民の人数調査は、「エジプトを出て二年目の第二の月の一日」に命じられましたから、ひと月分、日を遡っての言及です。おそらくは、旅の再開の日が近づく中、これからの旅の進め方を決めるのは、神の臨在の雲によるのだということを確認するためのことでしょう。

幕屋設立の日に、神の臨在の雲が幕屋を覆いましたが、これは、幕屋の設立によって雲が現れたというのではありません。神の臨在の雲は、イスラエルの民がエジプトを脱出しようとする当初から現われていました（出エジプト記一三・二〇－二二）。海を前にしてエジプト軍が迫ろうとするときには、雲はイスラエルの民の前から後ろへと移動し、エジプト軍がイスラエルの民に近づくのを妨げました（出エジプト記一四・一九、二〇）。

シナイ山でモーセを通してイスラエルの民に律法が与えられようとするとき、主の臨在の雲は山全体を覆いました（出エジプト記一九・一六－一八、二四・一五－一八）。そして、シナイ山のふもとで幕屋が完成したとき、臨在の雲は幕屋を覆いました（出エジプト記四〇・三四）。

幕屋の完成によって臨在の雲が現れたのではなく、民の旅路の最初から神の臨在の雲が彼らを導き、幕屋の完成によって、その上にとどまったということになります。同様に、私たちの地上での旅路も、最初から最後まで、神様の導きの中で進められる…そのことをまず覚えましょう。

二、臨在の雲の動きによって

いつもこのようであって、昼は雲がそれをおおい、夜は火のように見えた。いつでも雲が天幕から上るときには、その後でイスラエルの子らは旅立った。また、雲がとどまるその場所で、イスラエルの子らは宿営した。**主**の命によりイスラエルの子らは旅立ち、**主**の命により宿営した。

（民数記九・一六－一八）

イスラエルの民にとって神の導きは具体的にはどのような形で与えられたのでしょうか。一言で言えば、臨在の雲の動きによってでした。

神の臨在は、昼間は雲のように見えましたが、夕方から朝までにかけて、暗い間は火のように見えました。これは、昼間であっても夜暗いときであっても、イスラエルの民は神の臨在の雲の動きを確認することができたことを意味します。

そして、この雲の動きによって、旅の進め方が示されました。雲が天幕から上るときは、旅立ちの時でした。雲がとどまるときには、それが宿営の場所となりました。このようにして、「主の命によりイスラエルの子らは旅立ち、**主**の命により宿営した」のでした。

現代、私たちの目の前に臨在の雲が現れるわけではありません。では神様はどのように私たちの歩みを導いてくださるのでしょうか。このためには幕屋の歴史を考えてみるとよいでしょう。旧約聖書を読み進めると、幕屋はこの後、ソロモン王の時代に神殿として立てられることになります。その後破壊と再建の歴史を経ますが、現代、神殿は存在しません。しかし、新約聖書を見ると、神の宮についての言及を見ることができます。キリストを信じ、罪赦され、きよめられた私たち自身が聖なる宮と呼ばれています（エペソ二・二一、二二）。神の宮とされた私たちのうちに聖霊がお住まいくださると言うのです（Ⅰコリント三・一六）。驚くべきことです。

ですから、現代において神の導きに従うことは、内に住まわれる聖霊の導きに従うことを意味します。神の子どもとされた者はだれでも、御霊の導きによって生きていく者とされています（ローマ八・一四）。日々の生活の中で、常に聖霊の細い御声に耳を澄ましながら、私たちの歩みを進めていきましょう。

三、旅立ちの時

雲が幕屋の上にとどまっている間、彼らは宿営した。雲が長い間、幕屋の上にとどまるときには、イスラエルの子らは**主**への務めを守って、旅立たなかった。また、雲がわずかの間しか幕屋の上にとどまらないことがあっても、彼らは**主**の命により宿営し、**主**の命により旅立った。雲が夕方から朝までとどまるようなときがあっても、朝になって雲が上れば、彼らは旅立った。昼でも夜でも、雲が上れば旅立った。二日でも、一月でも、あるいは一年でも、雲が幕屋の上にとどまって、去らなければ、イスラエルの子らは宿営を続けて旅立たなかった。しかし、雲が上ったときは旅立った。（民数記九・一八－二二）

この箇所の記述は、特に、旅立ちの時が臨在の雲の動きに厳密に従って定められことを強調しています。雲が幕屋にとどまる間は、それがどんなに長期に及んだとしても、彼らは旅立ちませんでした。逆に滞在期間がごくわずかであっても、雲が上れば、彼らは旅立ちました。朝でも昼でも夜でも、どんなタイミングであっても、それは同様でした。二日でも、一月でも、一年でも、雲が幕屋の上にとどまっている限り、彼らは旅立ちませんでしたが、一旦雲が上れば、即座に彼らは旅立ちました。「彼らは**主**の命により宿営し、**主**の命により旅立った」のでした（民数記九・二三）。

現代、主の導きはこれほど分かりやすく、目に見える形で示されるわけではありません。その分、私たちが神の導きに敏感である必要があるでしょう。神様の導きを無視して何かを始めようとしたり、逆に神様の導きがないのにこれまでしてきたことをやめたりということがないように、聖霊の導きにしっかりと耳を傾けることが必要になります。

具体的には、どうしたらよいのでしょう。人のアドバイスに耳を傾けることも必要です。様々な情報を集めることも大切でしょう。事の経過の中に、神の御心が示されることもあります。しかし、最終的には聖霊が私たちの心のうちに静かな確信を与えてくださいます。時には、聖書の言葉をもってその確信を深めてくださることもあるでしょう。そのようにして、聖霊のゴーサインを頂くとき、私たちは大切な一歩を大胆に踏み出すことができます。

「遣わされなば　直ちに行かん　留められなば　家に祈らん
大御旨は　いずれにあれ　君は常に　ましませば
君と共に行く　わが身　何処へも喜びて　行かまし
君と共に行く所は　さながら御国のごとし」　（教文館発行、『新聖歌』四〇二番四節）

神の臨在の雲に導かれて進み、留まる、私たちの歩みでありましょう。

◇旅の出発の合図として、どのようなものを思い浮かべますか。
◇シナイ山から旅立った最初の行進は、どのくらいの期間続いたでしょうか（民数記一〇・三三）。
◇神の導きに従って歩みを進めるため、個人として、教会として、どんなことに留意したらよいと思いますか。

第31回　民の不平、神の忍耐

民数記一一・四－一〇、一八－二三

いよいよ荒野での旅が始まりました。荒野での旅には、食事や水の供給、敵の攻撃からの守りなど、常に課題が伴いました。神は彼らを守り、必要を備え、旅を導かれます。民はそのような神の守りを経験しますが、多くの場合、なお不平を言い、モーセを通して神に不満を漏らします（民数記一一・一）。その典型的な出来事がこの箇所に記されています。

一、肉が食べたい

彼らの不満は以下のようなものでした。

彼らのうちに混じって来ていた者たちは激しい欲望にかられ、イスラエルの子らは再び大声で泣いて、言った。「ああ、肉が食べたい。エジプトで、ただで魚を食べていたことを思い出す。きゅうりも、すいか、にら、玉ねぎ、にんにくも。だが今や、私たちの喉はからからだ。全く何もなく、ただ、このマナを見るだけだ。」（民数記一一・四－六）

彼らにはマナと呼ばれる不思議な食物が日々与えられていました。それは毎夜宿営の周りに霜のように降ってきました（民数記一一・七－九）。彼らがエジプトを出てから約束の地に入るまで、奇跡的に与えられた食物でした。

しかし、彼らは次第にマナに飽き始めます。「肉が食べたい」とつぶやき始めます。エジプトで食べていた食物、魚や様々な野菜を思い起こします。エジプトでどれ程厳しい生活を送っていたか、そこから助け出してほしいと、どれ程祈り願ったか、忘れてしまったかのようでした。

「彼らに混じって来ていた者たち」（民数記一一・四）とは、おそらく出エジプトの際、イスラエルの民と共に交じって来た異国人のことでしょう（出エジプト記一二・三八）。しかし、彼らの不平はあっという間にイスラエルの民全体に広がります。「モーセは、民がその家族ごとに、それぞれ自分の天幕の入り口で泣くのを聞いた」と言います（民数記一一・一〇）。

二、この主の手が短いというのか

神は激しく怒られつつも（民数記一一・一〇）、モーセに対して次のように語られます。

あなたは民に言わなければならない。明日に備えて身を聖別しなさい。あなたがたは肉を食べられる。あなたがたが泣いて、**主**に対して『ああ、肉が食べたい。エジプトは良かった』と言ったからだ。**主**が肉を下さる。あなたがたは肉を食べられるのだ。（民数記一一・一八）

しかも、「あなたがたが食べるのは、ほんの一日や二日…ではなく、一か月もであって、ついには、あなたがたの鼻から出て来て、吐き気をもよおすほどになる」と言われます（民数記一一・一九、二〇）。これには、さすがのモーセも合点がいかなかったようです。「私と一緒にいる民は、徒歩の男子だけで六十万人です。」と指摘しながら、そのような肉がどのようにして供給されうるのか、神様に問います。すると、神様は次のように答えられます。

主はモーセに答えられた。「この**主**の手が短いというのか。わたしのことばが実現するかどうかは、今に分かる。」（民数記一一・二三）

モーセは羊や牛を食するのか、海の魚を集めるのかと問いましたが（民数記一一・二二）、やってきたのは空の鳥たちでした。「主のもとから風が吹き、海からうずらを運んで来て、宿営の近くに落とした。」（民数記一一・三一）大量のうずらが彼らの周囲一面にうずたかく積まれました。主の手は決して短くはないこと、民の数がどれほど多くとも、神様にとって彼らを養うことは難しいことではないことが、明らかに示された瞬間でした。

三、主の怒りと忍耐

不平不満をぶちまけた民に対して、神様は彼らの要求する肉を備えられました。しかし、そのみわざは同時に裁きを伴いました。

肉が彼らの歯の間にあって、まだかみ終わらないうちに、**主**の怒りが民に向かって燃え上がり、**主**は非常に激しい疫病で民を打たれた。（民数記一一・三三）

彼らの不平不満は、神への不信仰と反抗心から来ていました。神の供給の御手が決して短くはないことが示された今、神様からの裁きとして、激しい疫病が彼らを襲いました。

神の裁きは峻厳ですが、同時に忍耐深いものでもあったことを覚える必要があります。後に、詩篇の記者は、この時の出来事を振り返りながら、神様からの裁きがあったことを確認しつつも（詩篇七八・二三－三三）、このように書いています。「しかし、神はあわれみ深く　彼らの咎を赦して　滅ぼされなかった。　怒りを何度も抑えて　憤りのすべてをかき立てられることはなかった。」（詩篇七八・三八）。

私たちは信仰者としての歩みの中で、困難や貧しさ、不足や不自由さを覚えることがあるかもしれません。しかし、そのような中にも神の守り、助け、備えがあることを覚えましょう。主の手は決して短くはないことを覚えながら、信頼をもってお従いしましょう。忍耐深く私たちの歩みを導いてくださる主を覚えつつ、感謝と喜びをもって主を見上げてまいりましょう。

◇最近、不足や不自由さを覚えたことがありますか。
◇イスラエルの民が何度も不平を言ったこと（民数記一一・一）、神様が彼らを何度も赦し、忍耐深く導かれたこと（詩篇七八・三八）を確認しましょう。
◇今、神への信頼をチャレンジされている課題や問題がありますか。

第32回　一人で負えない重荷　民数記一一・一〇－一七、二四－三〇

前回見たように、「肉が食べたい」という民の要求は、神によって見事に応えられました。しかし、この出来事を通して、モーセはもう一つの課題を覚えるようになりました。それは荷が重すぎるということでした。神様は民の要求に応えると同時に、モーセのこの課題にも解決を備えられました。現代の教会にも様々な形で起こり得るこのような問題について、どう考えたらよいでしょうか。

一、私には重すぎます

「肉が食べたい」という民の要求は、不平と不満に満ちたものでした。不平不満は、民の一部から始まって、民全体に広がっていきました。「民がその家族ごとに、それぞれ自分の天幕の入り口で泣く」という状態でした。これに対して「**主**の怒りは激しく燃え上がった」といいます（民数記一一・一〇）。この状況を目にしたモーセは、耐えられないものを感じたようです。モーセは主に訴えます。

それで、モーセは主に言った。「なぜ、あなたはしもべを苦しめられるのですか。なぜ、私はあなたのご好意を受けられないのですか。なぜ、この民全体の重荷を私に負わされるのですか。（略）どこから私は肉を得て、この民全体に与えられるでしょうか。彼らは私に泣き叫び、『肉を与えて食べさせてくれ』と言うのです。私一人で、この民全体を負うことはできません。私には重すぎます。私をこのように扱われるのなら、お願いです、どうか私を殺してください。これ以上、私を悲惨な目にあわせないでください。」（民数記一一・一一－一五）

民が不平を言うのは、この時だけのことではありませんでした。これまで何度も繰り返されてきたことでした（民数記一一・一）。「なぜ、この民全体の重荷を私に負わされるのですか」というモーセの訴えは自然なものでした。民の不満は神様に対するものでしたが、それらは直接的にはモーセに対して訴えられました。「私一人で、この民全体を負うことはできません。私には重すぎます。」モーセの率直な思いでした。「私をこのように扱われるのなら、お願いです、どうか私を殺してください。これ以上、私を悲惨な目にあわせないでください。」とまで訴えました。

成人男性だけで六十万人、女性や子どもを含めると二百万人とも言われる民です。この事態にまで至ったとき、彼らを指導し、荒野の旅を続けさせることは、モーセにとって重すぎる荷として感じられました。今すぐにでも重荷を放り出したいといった心境でした。

二、分かち合われた重荷

神様は、モーセのこの訴えに即座に応えられます。

主はモーセに言われた。「イスラエルの長老たちのうちから、民の長老で、あなたが民のつかさと認める者七十人をわたしのために集めよ。そして、彼らを会見の天幕に連れて来て、そこであなたのそばに立たせよ。わたしは降りて行って、そこであなたと語り、あなたの上にある霊から一部を取って彼らの上に置く。それで彼らも民の重荷をあなたとともに負い、あなたがたった一人で負うことはなくなる。(略)」(民数記一一・一六、一七)

長老たちのうち、七十人を選び出すようにとのご命令でした。モーセが担ってきた荷を彼らが分かち担うことになること、そのためにモーセに与えられていた霊的指導力のいくらかを彼らにも分かち与えること、それによってモーセが一人で重荷を負うことから解放されることが告げられました。

『使徒の働き』などを見れば、神の民のこのようなあり方は、イスラエルの民ばかりでなく、キリストへの信仰によって生まれた教会にも引き継がれたことが分かります(使徒六・二−四)。現代、個々の地域教会には牧師が立てられるだけでなく、多くの場合、役員会が形成され、教会の運営に当たっているのも、これらの事例を踏まえたものと言えるでしょう。

三、主の民がみな

モーセは、「主が肉を下さる」と伝えるとともに、民の長老のうちから七十人を集め、彼らを天幕の周りに立たせました。すると、「主は雲の中にあって降りて来て、モーセと語り、彼の上にある霊から一部を取って、その七十人の長老に与えられ」ました。その結果、「その霊が彼らの上にとどまると、彼らは預言」するということが起こります(民数記一一・二五)。

ところが、七十人のうち二人は宿営に残っていました。エルダデとメダデという名の者たちでした。霊は彼らの上にもとどまり、その結果、彼らは宿営の中で預言しました。その報告をモーセが受けた時、横で聞いていたモーセの従者ヨシュアは「モーセよ。彼らをやめさせてください。」と言います。

しかし、モーセは彼に次のように言います。

モーセは彼に言った。「あなたは私のためを思って、ねたみを起こしているのか。主の民がみな、

預言者となり、主が彼らの上にご自分の霊を与えられるとよいのに。」（民数記一一・二九）

霊を与え、預言をさせておられるのは神様なのであるから、それをとどめるべきではない、という判断でした。ヨシュアも納得し、その後は七十人の長老がモーセの働きを支えるようになったようです。

さて、モーセは言いました。「主の民がみな、預言者となり、主が彼らの上にご自分の霊を与えられるとよいのに。」このモーセの言葉は重要です。と言うのも、この言葉ははるか将来の聖霊の働きを指し示しているからです。

旧約聖書において、神の民の間に聖霊の働きは様々な形で示されました。ダビデのような王や（Ⅰサムエル記一六・一三）、エリヤのような預言者（Ⅱ列王記二・一五）、また幕屋の製作指導者のうえに（出エジプト記三一・二、三）、聖霊が注がれて、彼らは与えられた役割を果たすことができました。しかし、旧約聖書の時代、聖霊の働きは神の民の中で特別な働きをする人々に限定されていました。

その中で、預言者ヨエルは、このような事態が変わる時が来ると預言しました。「その後、わたしはすべての人にわたしの霊を注ぐ。あなたがたの息子や娘は預言し、老人は夢を見、青年は幻を見る。その日わたしは、男奴隷にも女奴隷にも、わたしの霊を注ぐ」と、主の言葉を告げました（ヨエル書二・二八、二九）。一部の者たちだけでなく、神の民であれば誰もが聖霊の注ぎをいただいて、神の働きをする時が来るというのでした。

イエス・キリストが十字架に死に、復活され、天に挙げられて後、祈り待ち望んでいた弟子たちの上に聖霊がくだりました。その時立ち上がった使徒ペテロは、言いました。「これは、預言者ヨエルによって語られたことです」と（使徒二・一六）。「**主**の民がみな、預言者となり、**主**が彼らの上にご自分の霊を与えられるとよいのに。」千数百年前に語られたモーセの言葉が実現した瞬間でした。

現代、主を信じるすべての者に聖霊が与えられます（ローマ八・九、Ｉコリント六・一九）。それは、内側が聖別されるとともに、神の民としての働きにすべての者が携わることができるためです（Ｉコリント一二・七）。教会の働きは、牧師や役員など、一部の者だけが担えばよいのではありません。すべての者に果たすべき何らかの分があります。互いに祈り合い、互いに重荷を負い合って、教会の働きは前進します（ガラテヤ六・二）。そのためにこそ、聖霊はすべての神の民に与えられているのですから。

◇何かの責任を一人で負って、苦労したことがありますか。
◇聖霊が降った日、ペテロがヨエルの預言を引用しているのを確認しましょう（使徒二・一七－二一）。
◇特に重荷をもって祈り続けたい教会の働きがありますか。教会内外に祈りをもって支えたい人がいますか。

第33回　信仰による獲得　民数記一三・二五－十四・一〇

荒野での旅を続けたイスラエルの民は、一つの大切な地点に着きました。パランの荒野、カデシュという場所でした。約束の地が目前に広がっていました。この場所から、神様はカナンの地に偵察隊を送るよう命じられました。偵察隊が帰って来て伝えた報告を聞いたとき、イスラエルの民はそれらをどう受け止めたでしょうか。それは、その後の荒野での旅路のあり様を大きく変える分岐点でした。

一、偵察隊の報告

偵察隊は各部族から一人ずつ選ばれた者たちで、計十二名でした。彼らは約束の地を四十日かかって偵察し、カデシュに戻って来て次のように報告しました。

「私たちは、あなたがお遣わしになった地に行きました。そこには確かに乳と蜜が流れています。

そして、これがそこの果物です。ただ、その地に住む民は力が強く、その町々は城壁があって非常に大きく、そのうえ、そこでアナクの子孫を見ました。アマレク人がネゲブの地方に住んでいて、ヒッタイト人、エブス人、アモリ人が山地に、カナン人が海岸とヨルダンの川岸に住んでいます。」（民数記一三・二七－二九）

これらの報告は、実際に彼らが目にしたことであり、現実でした。しかし、問題はここからでした。非常に強い民がいることを聞いた民が騒ぎ始めると、偵察隊の一人カレブは言います。「私たちはぜひとも上って行って、そこを占領しましょう。必ず打ち勝つことができます。」（民数記一三・三〇）しかし、偵察隊の他の者たちは言いました。「あの民のところには攻め上れない。あの民は私たちより強い。」（民数記一三・三一）彼らは続いて、偵察して来た地について、イスラエルに民に「悪く言いふらし」始めます。「そこに住む者を食い尽くす地」だと。攻め取ろうとする者はその地の民に打ち負かされてしまうであろうことを比喩的に表現したのでしょう。「民はみな、背の高い者たちだ。（略）私たちの目には自分たちがバッタのように見えたし、彼らの目にもそう見えただろう。」体格が違いすぎる、というわけでした。（民数記一三・三二、三三）

彼らの言葉はイスラエルの民に絶望を与えました。「全会衆は大声をあげて叫び、民はその夜、泣き明かした」と言います（民数記一四・一）。夜明け後のことでしょう。彼らは指導者モーセとアロンに不平を言います。「エジプトの地で死んでいたらよかった」と（民数記一四・二）。
しかし、ここで偵察隊のうち、別の主張をもって声を上げた者たちがいました。ヨシュアとカレブでした。自分たちの衣を引き裂きながら言いました。

「（略）**主**に背いてはならない。その地の人々を恐れてはならない。彼らは私たちの餌食となる。彼らの守りは、すでに彼らから取り去られている。**主**が私たちとともにおられるのだ。彼らを恐れてはならない。」（民数記一四・九）

偵察隊のうち、全員は同じ状況を見てきたはずでした。しかし、十名はその地を攻め取ることは不可能であると主張しました。ヨシュアとカレブだけがその地を攻め取ることができると言いました。

二、主の栄光の現れ

ヨシュアとカレブの言葉を聞いたとき、イスラエルの民は二人がとんでもない主張をしていると感じたようでした。二人を石で打ち殺そうと言い出します。しかし、この時、主の栄光が現れました。

すると、主の栄光が会見の天幕からすべてのイスラエルの子らに現れた。（民数記一四・一〇）

主はモーセに言われます。「この民はいつまでわたしを侮るのか。」（民数記一四・一一）そう言われた神様は民を打ち滅ぼそうとされます。モーセの必死のとりなしで、民全体を即座に滅ぼすことはされませんでした。しかし、神様のみ言葉に従わなかった者たちは約束の地を見ることはできないこと、主の言葉に従ったヨシュアとカレブだけがその地を所有すること、その後四十年間、彼らは荒野でさまよわなければならないこと、その間に神の御声に従わなかった者たちは死に、子どもたちの世代が大きくなって地を受け継ぐようになることが彼らに告げられました。

彼らの間違いはどこにあったのでしょうか。地を偵察したこと自体は間違いではありませんでした。それは主のご命令でもありました。しかし、そのご命令で語られたのは、「わたしがイスラエルの子らに与えようとしているカナンの地を偵察させよ」ということでした（民数記一三・二）。その地を神様が与えようとしておられる以上、その地の民がどれほど強い民であっても、恐れる必要はありませんでした。

「主の栄光が全地に満ちている以上、わたしの栄光と、わたしがエジプトとこの荒野で行ったしるしとを見ながら、十度もこのようにわたしを試み、わたしの声に聞き従わなかった者たちは、だれ一人、わたしが彼らの父祖たちに誓った地を見ることはない。」（民数記一四・二一－二三）彼らの間違いは神様に対する不信仰と不従順にありました。

三、信仰による獲得

神様が獲得させようとしておられるものを、不信仰のゆえに獲得しそこなってはなりません。神様が得させようとしておられるならば、信仰によって獲得しなければなりません。二つの適用を考えることができるでしょう。

一つは、神様が私たちを導き入れようとしておられる永遠の嗣業を信仰によって獲得することです。ヘブル人への手紙では、民数記に記されたこの出来事を指摘しながら、このことを訴えています。

こういうわけで、私たちは恐れる心を持とうではありませんか。神の安息に入るための約束がまだ残っているのに、あなたがたのうちのだれかが、そこに入れなかったということのないようにしましょう。（略）彼らには、聞いたみことばが益となりませんでした。みことばが、聞いた人たちに信仰によって結びつけられなかったからです。（ヘブル四・一、二）

神様は信じる者たちのために、永遠の都を備えておられます（ヘブル一一・一六）。都に入ったならば、あらゆる労苦は終わりを告げ、安息をいただきます。しかし、それまでの地上での歩みには忍耐が必要です。誘惑を退け、信仰によって約束された嗣業を獲得する必要があります(ヘブル一〇・三六)。
もう一つは、宣教の戦いにおける獲得です。宣教の働きは教会に対する主イエスのご命令です。「行って、あらゆる国の人々を弟子としなさい。」と命じられています。そして、ご命令には約束が伴っています。「見よ。わたしは世の終わりまで、いつもあなたがたとともにいます。」(マタイ二八・一九、二〇)
具体的な宣教の進め方については、神様によくお聞きする必要があります。タイミングもあるでしょう。(民数記一四・三九–四五参照)。しかし、宣教命令が神様からのものであり、「ともにいます」という主イエス様の約束が伴っている以上、「主が私たちとともにおられるのだ」と、ヨシュア、カレブのような信仰をもって進むべきです。主は実りを備えてくださいます。信仰と期待をもって宣教のわざに励みましょう。

◇前に進もうとして恐れを感じたことがありますか。
◇偵察した地について悪く言った人々は、何を見ていたでしょうか。また、何を見ていなかったでしょうか。(民数記一三・三二、三三、一四・二一)
◇信仰によって獲得したいものがありますか。

第34回　岩は水を出す　民数記二〇・一－一三

カデシュでの民の不信仰により荒野での旅は四〇年とされました。おそらくはエジプトを出て四十年目の第一の月、彼らは同じカデシュにいました（民数記三三・三八参照）。モーセの姉ミリアムが死に（民数記二〇・一）、兄アロンも間もなく世を去ろうとする時期でした（民数記二〇・二八）。イスラエルの民は再び水不足の危機に直面します。この時、民だけでなく、指導者モーセたちもその信仰を問われることになります。

一、民のつぶやき

そこには、会衆のための水がなかった。彼らは集まってモーセとアロンに逆らった。民はモーセと争って言った。「ああ、われわれの兄弟たちが主の前で死んだとき、われわれも死んでいたらよかったのに。（略）なぜ、あなたがたはわれわれをエジプトから連れ上り、このひどい場所に引き入れたのか。ここは穀物も、いちじくも、ぶどうも、ざくろも育つような場所ではない。そのうえ、飲み水さえない。」（民数記二〇・二－五）

飲み水が得られない状況の中で、民の不満は再びモーセたち指導者に向けられました。これまで荒野の旅を守られ、生かされた恵みを忘れ、彼らは「死んでいたらよかった」と言い出します。再び、エジプトでの生活を懐かしみ、モーセたちに苛立ちをぶつけます。エジプトで得られた食物がないこと、「そのうえ、飲み水さえない」と訴えます。

私たちは不平不満を言ったり、つぶやいたりすることに、あまり問題を感じないかもしれません。しかし、不平やつぶやきの背後には、神様への不信仰があることが多いのではないでしょうか。使徒パウロも、「すべてのことを、不平を言わずに、疑わずに行いなさい」と教えています（ピリピ二・一四）。不信仰による不平やつぶやきを警戒したいものです。

イスラエルの民は、これまで何度も神様の不思議なみわざを見、神の憐みと恵みのみわざを見て来たはずです。しかし、彼らの不信仰は旅の終盤に差しかかってなお変わっていませんでした。そのために、不満が不満を呼び、怒りとなって爆発しました。人間の不信仰がいかに根深いものであるかを思わされます。

二、モーセの過ち

モーセとアロンは、会見の天幕の入り口に来てひれ伏します。すると、主の栄光が彼らに現われます。主はモーセに告げられます。

「杖を取れ。あなたとあなたの兄弟アロンは、会衆を集めよ。あなたがたが彼らの目の前で岩に命じれば、岩は水を出す。彼らのために岩から水を出して、会衆とその家畜に飲ませよ。」

（民数記二〇・八）

モーセは命じられたように、杖を手に取ります。岩の前に集会を招集し、彼らに言います。「逆らう者たちよ。さあ、聞け。この岩から、われわれがあなたがたのために水を出さなければならないのか。」（民数記二〇・一〇）モーセは手を上げ、杖で岩を二度打ちます。すると、豊かな量の水が湧き出てきます。会衆も家畜もその水を飲んで渇きを癒すことができました。

ところが、この時主はモーセとアロンに告げられます。「あなたがたはわたしを信頼せず、イスラエルの子らの見ている前でわたしが聖であることを現さなかった。それゆえ、あなたがたはこの集

会を、わたしが彼らに与えた地に導き入れることはできない。」（民数記二〇・一二）

一見、モーセたちは神様が命じられたとおりにしたように見えますが、何がいけなかったのでしょうか。「あなたがたはわたしを信頼せず」と言っておられます。また、神様のお言葉は「岩に命じれば、岩は水を出す」というものでしたが、モーセは苛立ちのあまりでしょうか、岩を二度も打っています。

実はこれに似たことは、エジプト脱出直後にもありました。その時は、「岩を打て」と命じられ、その通りにして岩から水が出ました（出エジプト記一七・六）。しかし、この時は「岩に命じれば」ということでしたから、岩を打つ必要はなかったはずです。しかも、岩を二度も打ったことには、モーセの苛立ちが見て取れます。

おそらく、度重なる民の不信仰と不従順に、モーセのうちには「またか」という思いがあったのでしょう。神様のご命令に従うようでありながら、心のうちには民に対する不満と苛立ちがありました。このため、本来であるなら、そこに神の栄光が示され、神様が聖なるお方であることが示されるはずでしたが、前面に出て来たのはモーセの苛立った心でした。この時のモーセには、心静かに神様に信頼し、忠実にご命令に従う姿勢が失われていました。

繰り返し同じような困難が起こると、私たちは苛立ち、不満を覚えることがあります。しかし、苛立ちや不満は、神様への信頼のないところに起こります。困難な状況が続くようであっても、なお静かに神様に信頼しましょう。そこに神様が豊かなご自身の栄光を現してくださいます。

三、聖なる神に導かれる民

これがメリバの水である。イスラエルの子らが主と争った場所であり、主はご自分が聖であることを彼らのうちに示されたのである。（民数記二〇・一三）

民が不信仰による不満をぶつけ、モーセたちも心静かに事態に対応できなかったにもかかわらず、神様は岩から水を出させなさいました。そのようにして「主はご自分が聖であることを彼らのうちに示された」と言います。モーセも民も、改めて自分たちが聖なる神様に導かれ、守られている民であることを実感したことでしょう。

後に、使徒パウロはこの出来事を取り上げながら、キリストを信じる者としての生き方を教えています。イスラエルの民がモーセに導かれて旅をする間、「彼らについて来た霊的な岩から飲んだ」と言います。神様はしばしば岩として表現されますので、神様が彼らの歩みの背後にあって守ってくださるということでしょう。パウロは、「その岩とはキリストです」と言いますが、私たちにとってはこの岩は主イエス・キリストを表わすのだと言いたいのでしょう。

また、そうであるのに、イスラエルの民の大部分が荒野で滅ぶことになったのは、彼らの不従順の故だったこと、また、それらのことはキリストを信じお従いしている私たちを戒める実例であると言います（Ⅰコリント一〇・一－六）。

イスラエルの民の姿は他人事ではありません。その失敗の数々は、私たちに信仰の歩みを教えます。キリストは私たちの歩みに常に伴い、ついて来てくださいます。このお方に守られ、支えられ、生かされての旅であることを覚え、静かな信頼をもってこのお方にお従いしましょう。

◇喉の渇きがひどかった思い出がありますか。
◇今回の出来事の中で、モーセのどこが間違っていたと思いますか。
◇心波立たせることがあるでしょうか。神様に助けと守り、導きを求めて祈りましょう。

第35回　青銅の蛇

民数記二一・四－九

荒野の旅も四〇年目を迎え、確かに旅は終わりに近づいていたはずでした。しかし、ここでも民は神様に対して、またモーセに対して、食物に関する不満を漏らし、つぶやきます。繰り返される民の反抗的な態度に対して、ここでは毒蛇が送られ、民は危機に瀕します。この出来事を通して、もう一度人間の罪深さと、にもかかわらず示され続ける神の憐みを覚えることができます。

一、繰り返された民のつぶやき

彼らはホル山から、エドムの地を迂回しようとして、葦の海の道に旅立った。しかし民は、途中で我慢ができなくなり、神とモーセに逆らって言った。「なぜ、あなたがたはわれわれをエジプトから連れ上って、この荒野で死なせようとするのか。パンもなく、水もない。われわれはこのみじめな食べ物に飽き飽きしている。」（民数記二一・四－六）

ここに至るまで、民は何度神様に対してつぶやいてきたことでしょうか。出エジプト直後にも、マラで飲み水の質について不平を言いました（出エジプト記一五・二二－二五）。エジプトでの肉やパンを思い返して不平を言いました（出エジプト記一六章）。飲み水がないと文句を言いました（出エジプト記一七・一－三）。シナイ山から出た後も、繰り返し激しく不平を言いました（民数記一一・一）日々マナが与えられていながら、それだけでは満足せず、肉をも要求しました（民数記一一・四－六）。前回見たように、カデシュの出来事を通して、旅が四十年間に延長され、世代が替わってからも、飲む水や食べ物に関して不平を言いました（民数記二〇・二－五）。

その度に神様は彼らに水を与え、食物を与えてこられました。その態度があまりに反抗的である時には、疫病で彼らを打たれることもありました。そういった経験の数々を経て、ここに至っていたはずの彼らが、再び同じ過ちを犯しました。

「なぜ、あなたがたはわれわれをエジプトから連れ上って、この荒野で死なせようとするのか」……神への不信仰に満ちたこの言葉も、これまで繰り返されてきたものでした（出エジプト記一六・三、一七・三、民数記二〇・四）。「パンもなく、水もない」と言いますが、食べ物がないわけではありません。毎日確実にマナが降ってきたからです。しかし、「われわれはこのみじめな食べ物に飽き飽きしている」と言って、神の恵みを悪しざまに言っています。

それに対して、神様は「燃える蛇」を送られます。「燃える蛇」とは、その猛毒によって燃えるような炎症が起こるところからの表現でしょうか。民は蛇に噛まれ、多くの者が死んでいきました。

二、青銅の蛇

この時、民は再び自分たちの罪を悟ります。モーセの所に来て言います。「私たちは**主**とあなたを非難したりして、罪を犯しました。どうか、蛇を私たちから取り去ってくださるよう**主**に祈ってください。」（民数記二一・七）モーセが民のために祈ると、神様はモーセに次のように言われます。

「あなたは燃える蛇を作り、それを旗ざおの上に付けよ。かまれた者はみな、それを仰ぎ見れば生きる。」（民数記二一・八）

これまで同じようなことが繰り返され、その度に神様は忍耐をもって彼らを扱い、赦しを与えてこられました。そうであるのに、ここでまた民は同じ過ちを繰り返しています。民が同じように悔い改めの姿勢を示したとしても、神様は今度こそお赦しにならなくてもよかったのではないでしょうか。しかし、同じことの繰り返しのようであったとしても、民が真実に悔い改めるなら神様は常に赦しを与えるお方です。この時もそうでした。

モーセに命じて燃える蛇をかたどって作り、それを旗ざおの上に付けるよう言われました。そして、「かまれた者はみな、それを仰ぎ見れば生きる」と言われました。モーセはその通りにして、青銅の蛇を作り、旗ざおの上に付けました。蛇にかまれた人は、その青銅の蛇を仰ぎ見たとき、毒は去り、生き延びることができました。

青銅の蛇を仰ぎ見るということに、どんな意味があったのでしょうか。青銅の蛇自体に何か魔力のようなものがあったわけではありません。

それは第一に、民が自分たちの罪を認める行為でした。青銅の蛇を見ることにより、彼らは自分たちの不信仰、神様に対するつぶやき、反抗、それらの罪がこの事態を引き起こしたと認めざるを得ませんでした。

第二に、それでも赦そう、生かそうと言われる神様への信仰を表わすことでした。「仰ぎ見れば生きる」……この単純な約束の言葉に信頼したからこそ、彼らは見上げました。

神様はこのようにして示された彼らの悔い改めと信仰を受け入れ、罪を赦し、生かされました。

三、モーセが荒野で蛇を上げたように

千数百年後、イエス・キリストが一人の男と会話を交わしました。御霊によって新しく生まれるということについて語り合っていました。この時、キリストは次のように会話を締めくくられました。

モーセが荒野で蛇を上げたように、人の子も上げられなければなりません。それは、信じる者がみな、人の子にあって永遠のいのちを持つためです。（ヨハネ三・一四、一五）

「モーセが荒野で蛇を上げたように」とは、まさに今回学んできた出来事を指しています。ちょうどこの時のように、人の子、すなわちキリストは、「上げられなければならない」と言われます。キリストが「上げられる」ことについては、キリストが十字架につけられる直前再び話題になります。その箇所を読めば、「上げられる」とは、やがて天に挙げられるということもあるでしょうが、それ以前に十字架につけられることをさしていると分かります（ヨハネ一二・三二、三三）。

キリストの十字架は不幸なアクシデントであったのではありません。神に背を向け、罪を犯して来た全世界の人々を救うため、神がご計画なさったことでした。それは、起こらなければならない出来事でした。

「それは、信じる者がみな、人の子にあって永遠のいのちを持つため」……神の前に繰り返し罪を犯してきた者たちが、それでも悔い改め、信仰をもって仰ぐとき、罪が赦され、永遠のいのちをいただくことができる……その道を開くため、キリストは十字架に死んでくださいました。

キリストの十字架を見上げるとき、猛毒に苦しむイスラエルの民に起こったことが私たちにも起こります。キリストの十字架は、私たちに自らの罪を認めさせます。罪なき神の御子が十字架に死ななければならないような生き方を自分たちがしてきたことを認めることなしに、十字架を見上げることはできません。

また、キリストの十字架を見上げることは信仰の働きです。「仰ぎ見れば生きる」という単純な約束に信頼して見上げます。「信じる者がみな、人の子にあって永遠のいのちを持つ」のです。

私たちは心ならずも同じ過ちを繰り返すことがあります。そういう中で私たちにできるのは、ただキリストの十字架を仰ぐことだけです。悔い改めと信仰をもって十字架を仰ぐとき、そこに赦しは備えられています。限りない神の恵みに感謝しつつ、赦され、新しくされて、立ち上がる者とされましょう。

◇同じ失敗を繰り返すことがありますか。
◇神様は蛇の猛毒から民を救う方法として、なぜ青銅の蛇を旗ざおに付けさせたと思いますか。
◇あなたにとって、キリストの十字架はどのような意味を持ちますか。

第36回　祝福された民

民数記二二・三一－三五、二三・七－八、二〇－二三、二四・九

荒野での旅が終わりに近づき、イスラエルの民はモアブの地に来ました。モアブの王バラクは、イスラエルの民の数が多いことに恐れを感じ、一つの手立てを設けました。名の知れた占い師バラムという人物を雇い、イスラエルの民にのろいをかけさせようとしました。しかし、このことは成功しません。イスラエルの民は神に選ばれ、祝福された民だったからです。神が祝福に定められた民にのろいをかけることは不可能なことでした。

一、神の警告

バラクは長老たちをバラムのところに遣わし、イスラエルの民をのろうため来てくれるよう頼みます。多額の占い料も用意されましたが、このことは容易に実現しません。彼らが到着した夜、バラム

に次のような神からのことばがありました。「あなたは彼らと一緒に行ってはならない。また、その民をのろってもいけない。その民は祝福されているのだから。」（民数記二二・一二）

一度は彼らを追い返したバラムも、さらに多額の占い料ともてなしの約束を示され、神様に再度伺いを立てます。この時、神様はバラムに彼らと一緒に行くことを許されます。おそらく、バラムの中には高額の占い料に心惹かれるものがあったことでしょう。しかし、神様はここでバラムに強い警告を用意されます。

バラムがろばに鞍をつけ、モアブの長たちと共にでかけた途中のことです。ろばが突然道を逸れようとします。また、道の脇の石垣にからだを押し付けます。バラムの足は石垣に押し付けられます。最後にはろばはバラムを乗せたままうずくまってしまいます。バラムは三度もろばを打ちますが、言うことを聞かないろばに怒ります。この時、驚くべきことが起きます。神様がろばの口を開き、ろばがバラムに語りかけます。「私があなたに何をしたというのですか。私を三度も打つとは。」しかし、バラムは怒りのあまり、事の異常さにも気づきません。ろばとの対話を続け、ろばを非難します。ろばから「私がかつて、あなたにこのようなことをしたことがあったでしょうか」と問われ、「それもそうだ」と、遂にバラムも「何かがおかしい」と気づくに至ります。

まるで漫画のようなユーモラスな展開ですが、占い料に目が眩んでいたバラムに、強い警告を与えるための神様の特別な手段だったのでしょう。この時、神様はバラムの目の覆いを除かれます。すると、目の前に主の使い（天使）が抜き身の剣を手にして道に立ちはだかっているのが目に入ります。ろばにはそれが見えていたので、前に進もうとしなかったというわけです。天使は、ろばが身を避けていなかったら、バラムを殺していたところだったことを告げます。ここでバラムは事の深刻さを理解し、彼は言います。「今、もし、あなたのお気に召さなければ、私は引き返します。」すると再度、天使はバラムに警告を与えます。

「その人たちと一緒に行け。しかし、わたしがあなたに告げることばだけを告げよ。」

（民数記二二・三五）

こうして、バラムは神が告げられることばだけを告げるようにとの強い警告をいただいて、バラクのもとに向かうことになります。

二、祝福された民

バラクのもとに着くと、バラムは祭壇七つを築き、牛と羊を祭壇にささげます。その後、彼一人丘へ登ると、神様はバラムの口にことばを授けます。「私はどうして呪いをかけられるだろうか。神が呪いをかけない者に」と言います（民数記二三・八）。この後、バラクは別の場所に連れていけば呪いをかけてくれるかもしれないと、さらに二度、その機会を与えますが、バラムの口に置かれたことばは、いつも祝福のことばでした。

見よ、私は祝福せよとの命を受けた。神が祝福されたのだ。私はそれをくつがえすことはできない。（民数記二三・二〇）

神様が祝福に定められた民に対して、祝福を取り除き、のろいをかけるなど、できないことだと言いました。バラムは「イスラエルを祝福することが**主**の目にかなうのを見て」（民数記二四・一）、最後にはもはやまじないを求めることをやめます。その代わり、顔を荒野に広がるイスラエルの民の方に向けます。すると、神の霊が彼の上に臨み、語り出します。この民がいかに神に祝福された民であるかを告げつつ、言います。「あなたを祝福する者は祝福され、あなたをのろう者はのろわれる。」（民数記二四・九）それは神様がアブラハムに語られた約束のことばそのものでした（創世記一二・三）。

信仰者であるお互いは、自らを顧み、世にあっていかにも小さく、弱い存在であると思うでしょうか。しかし、罪悔い改め、キリストを通して神の民とされ、アブラハムの霊的子孫とされた私たちは、神様が祝福を与えると定められた民です（ガラテヤ三・一四）。人がどんなにその祝福を妨げようとしても神様がそれを許されない…それほどに神様の祝福の約束は揺るがない、確かなものです。

三、祝福の本質―神が共におられ、神のことばに導かれる

バラムが語った祝福の内容は、以下のことばに要約されるでしょう。「彼らの神、主は彼らとともにおられ、王をたたえる声が彼らの中にある。」（民数記二三・二一）神が共におられることこそ、彼らに与えられた祝福の本質でした。

たとえば、神からのことばを語る中で、バラムは言います。

ヤコブのうちにまじないはなく、イスラエルのうちに占いはない。（民数記二三・二三）

確かに神様はイスラエルの民に占いやまじない、霊媒などを異教的な悪しき習慣として禁じておられました（申命記一八・九－一二）。彼らは神ご自身が語られることばに信頼し、そのことばに基づいて生きていくべきでした。バラムは自ら占い師であって、この時も占い師としてバラクに雇われていた身でしたが、この時はいつもの占いができず、神のことばを伝える預言者のような役割を果たさざるを得ませんでした。そして、バラクに対して、占いもまじないもないイスラエルの姿を神に祝福さ

れた民として示しました。神様から直接みことばを受け取り、導かれることの中に、神の民としての大きな祝福があります。

四、神の民が祝福を失う時

私はどうして呪いをかけられるだろうか。神が呪いをかけない者に。（民数記二三・八）

バラムを通してのろいをかけようとするバラクの狙いは砕かれました。神様が祝福に定められた民に人がのろいをかけることはできないことでした。ただ一点、この民が祝福を失う可能性がありました。それは、彼らが罪を犯す時でした。実はこの後、イスラエルの民は罪を犯し、大きな災いが彼らの上に襲いかかります。あれほどバラクがもたらそうとしてももたらせなかったのろいが、彼ら自身の罪故に彼らの上に襲いかかりました。私たちも心しなければならない点です。

私たちが神の備えられた聖なる道から外れない限り、どんな人も、どんな霊的な力も、私たちから神の祝福を奪うことはできません。この信仰に立ち、確信を持って歩みを進めましょう。

◇祝福やのろいと聞いて、どんなイメージを持ちますか。

◇バラムの二度目のことばの内容を確認しましょう。(民数記二三・一八－二四)
◇神の祝福を確信し、神の祝福にとどまるために、どんなことを心がけたいですか。

第37回　共に戦う　民数記三二・一－七、一六－二七

荒野での旅が終わりに近づき、約束の地に足を踏み入れる時期が近づいていました。イスラエル十二部族のうち、ルベン族とガド族から一つの願いが出されました。このことは彼らにとって、約束の地に入るために全部族が共に戦うことの大切さを確認する機会となりました。このエピソードを通して私たちも、宣教の戦いを共に進めていくことの大切さを心に刻みましょう。

一、二部族の願いとモーセの非難

神様が約束された地はヨルダン川の西側でした。イスラエルの民はヨルダン川の東側を北上していました。いつの日か、神のご命令があれば、ヨルダン川を渡り、約束の地に入り込もうとしていました。ところが、この間に彼らに攻撃してくる民がありました。ヨルダン川の東側の民で、シホンを王とするアモリ人たちでした。イスラエルの民は彼らと戦い、彼らの地を所有することができました。

他方、ルベン族とガド族は、家畜を多く所有していました。アモリ人たちから勝ち取った地は家畜に適した場所でした。そこで、これら二部族はモーセや指導者たちのところに来て一つの願いをしました。

また言った。「もし、私たちの願いがかないますなら、どうか、しもべどもがこの地を所有地として賜りますように。私たちにヨルダン川を渡らせないでください。」（民数記三二・五）

彼ら二部族は、ヨルダン川を渡るまでもなく、既に所有しているこの地に住みたいという願いでした。しかし、モーセは即座に反対します。

モーセはガド族とルベン族に答えた。「あなたがたの兄弟たちは戦いに行くのに、あなたがたはここにとどまるというのか。どうして、イスラエルの子らの意気をくじいて、主が与えてくださった地へ渡らせないようにするのか。（略）」（民数記三二・六、七）

ヨルダン川を渡り、約束の地に入ったならば、そこでは激しい戦いが待っています。二部族からの申し出は、民全体の意気をくじくもののように思えました。モーセは、カデシュ・バルネアから偵察隊を送った四〇年前のことを彼らに思い起させました。敵が大きく、強い民であると言って、民の意気をくじき、約束の地に導こうとする神の御心に民を背かせました。その結果、彼らは四十年荒野をさまよう結果になったのでした。ようやく世代が替わり、再度約束の地に入ろうとするこの時、再び同じことを繰り返そうとするのかという厳しい非難でした。

二、避けられない戦い

ここで、戦いが避けられない、避けてはならないという彼らの状況を確認する必要があるでしょう。そもそも、神様の約束は彼らの父祖アブラハムに与えられたものでした。神様はアブラハムの子孫にその地を与えると、アブラハムに約束されました。しかし、それは数百年後のことであると告げられていました。それまでにアブラハムの子孫は異国で奴隷となり、そこで増え広がった後、数百年後、そこから解放され、やがてこの地に帰ってくるのだと言われました。

約束の地に導き入れるのに、なぜそれだけの年数をかける必要があったのか、神様はアブラハムに告げておられました。「それは、アモリ人の咎が、その時までに満ちることがないからである。」(創世記一五・一六) すなわち、その時にはその地に住む民の咎が満ちるようになります。その頃になると、その地には偶像礼拝が満ち、子どもをいけにえにすることもなされていました(申命記一二・二九

－三二）。また、性的堕落も広く行きわたっていたようです（レビ記一八章）。もちろん、そのような中から神に立ち返る者は受け入れられましたが、頑なにその道を進む者たちに対して、神様は正しい裁きをする必要がありました。イスラエルはそのために用いられた形となります。

しかし、現代の教会は、このような種類の戦いを行う必要はありません。主イエスの教えを思い起こしましょう。「剣を取る者はみな剣で滅びます。」（マタイ二六・五二）「平和をつくる者は幸いです。その人たちは神の子どもと呼ばれるからです。」（マタイ五・九）

では、現代の信仰者に戦いは不要でしょうか。血肉に対する戦いは不要ですが、霊的な戦いは存在します。「私たちの格闘は血肉に対するものではなく、支配、力、この暗闇の世界の支配者たち、また天上にいるもろもろの悪霊に対するものです。ですから、邪悪な日に際して対抗できるように、また、一切を成し遂げて堅く立つことができるように、神のすべての武具を取りなさい。」（エペソ六・一二、一三）

悪の霊との戦いが存在するとパウロは言います。その戦いに勝利するには、「腰には真理の帯を締め、胸には正義の胸当てを着け、足には平和の福音の備えをはきなさい」とあるように（エペソ六・一四、一五）、福音の真理に立ち、この福音を証しすることが必要です。私たち自身が福音に生かされ、人々に福音を語り告げる宣教の戦いこそ、私たちが担うべき戦いであると分かります。

三、共に戦う

さて、モーセの非難を受けた二部族は、そのことばを真剣に受け止めました。自分たちにとってその地が住み着くに良い地であることは間違いありませんでしたが、そのことがこれから戦いに赴こうとする民の意気をくじくことになってはいけない……そう考えた彼らは、再度提案をします。

私たちはここに、家畜のために羊の囲い場を作り、子どもたちのために町々を建てます。しかし私たちは、イスラエルの子らを彼らの場所に導き入れるまで、武装して先頭に立って急ぎ進みます。子どもたちは、この地の住民の前で城壁のある町々に住みます。私たちは、イスラエルの子らがそれぞれその相続地を受け継ぐまで、自分の家に帰りません。（民数記三二・一六－一八）

女性や子どもたちはこの地に残り、家畜を養いながら生きていきます。しかし、戦いに赴くことのできる男性たちは、他の部族とともにヨルダン川を渡ります。共に戦います。その地を神からの相続地として受け継ぐまで、自分たちの家には帰らない……そう申し出ました。

彼らの提案をモーセも承諾し、言いました。「自分の口から出たことを実行しなさい。」（民数記三二・二四）二部族は承服して言います。「しもべどもは、あなたが命じられるとおりにします。（中略）しもべども、戦のために武装した者はみな、あなたがおっしゃるとおり、渡って行って、主の前で戦います。」（民数記三二・二五－二七）この後、彼らは確かに他部族と共にヨルダン川を渡ります。共に戦い、約束の地を得るまで戦い続けました。

この時代、教会は宣教の戦いを続けていく必要があります。誰か一部の人たちだけが戦えばよいというのではありません。信仰者は皆、なにがしか、この戦いに加わることが求められます。

直接、福音を語るだけではありません。身をもって神の愛を示し、人々に近づくことができます。困難の中にある人の隣人となり、共に祈りをささげることができます。そういう中で、心開かれた方には、み言葉に触れる機会を備えてあげることができるでしょう。

宣教は霊的な戦いですから、困難はあります。逃げたくなることもあるでしょう。しかし、この戦いは主の前での戦いです。主が共にいて勝利へと導いてくださいます。共に戦いましょう。

◇スポーツなどで戦いから逃げ出したくなったことがありますか。
◇ルベン族とガド族がヨルダン川の東側に土地を所有したいと願い出たとき、モーセはどんな理由で反対したでしょうか。
◇宣教の戦いに参加するために、自分にできることは何だと思いますか。

第38回　繰り返された命令　申命記六・四－一五

モーセ五書の最後の書である『申命記』は、その名のごとく、繰り返された命令です。荒野での旅が終わりに近づき、いよいよ約束の地に足を踏み入れようとするとき、神様はモーセを通して再び民を教えられます。それは、一見、シナイ山で語られた律法が繰り返されているだけのようにも見えます。しかし、単なる繰り返しではありません。神様はここでの民の状況を見据えながら、律法の本質を再確認し、約束の地に足を踏み入れるための備えを与えておられます。

一、律法の本質――神への愛

この箇所の直前、申命記五章ではシナイ山で語られた十戒が再び語られます。しかし、律法の本質はどこにあるのでしょうか。十戒は、律法の中でも基本的な十の戒めですが、その精神をひと言で言えばどういうことなのでしょうか。

モーセを通して神様は次のように教えられました。

聞け、イスラエルよ。主は私たちの神。主は唯一である。あなたは心を尽くし、いのちを尽くし、力を尽くして、あなたの神、主を愛しなさい。（申命記六・四－五）

ここに、律法の中心的メッセージがありました。「ヤハウェ」と呼ばれるイスラエルの神様は、自分たちが信じ、崇め、お従いすべき唯一のお方。この方を「心を尽くし、いのちを尽くし、力を尽くして……愛しなさい」ということでした。

「聞け（シェマー）、イスラエルよ」で始まるこの部分は、後のユダヤ人たちにとっても大切なものとされ、日々の祈りで朗誦されてきました。また、イエス・キリストも、最も大切な戒めについて尋ねられたとき、申命記六・五を一番重要な戒めとして挙げられました（マタイ二二・三六－三八）。それは、この戒めだけが大切で、他の戒めがどうでもよいということではありません。むしろ、すべての戒めの中でこの戒めこそが中心的な意味を持っているということです。

神様はこれまでも数々の戒めを与えてこられました。教えられたイスラエルの民は、これらの戒めをどういう姿勢で、どんな心で守っていけばよいのでしょうか。そこに神様への熱い愛があるようにというのが、この教えの趣旨でした。

申命記の冒頭の四章で、モーセは四十年にわたる荒野の旅を振り返っています。神様がいかに恵み深く、忍耐深く自分たちを導いてこられたか、その中には、彼らの対する神様の思いが通り一遍のものではないことが示されています。このような愛と忍耐の中で導かれてきた彼らが、通り一遍の心で神に仕えるのでなく、「心を尽くし、いのちを尽くし、力を尽くして、あなたの神、主を愛しなさい」ということでした。この点を見逃して、形だけの信仰に堕してはならない……これは現代の信仰者への神様のメッセージでもあります。

二、心にとどめなさい

続いて神様は語られます。

私が今日あなたに命じるこれらのことばを心にとどめなさい。(申命記六・六)

重ねて語られる神様のみことばを、「心にとどめなさい」と言われました。このことは、彼らがこれから約束の地に入り行こうとしているこの時、とても大切なことでした。環境が変わり、いろいろな経験を経る中で、聞いていたはずのみことばを忘れてしまう危険性がありました。聞いたみことばを心にとどめることが必要でした。

このことは、単にひと世代だけのことではありません。ですから、「あなたの子どもたちによく教え込みなさい」と言われました。「あなたが家で座っているときも道を歩くときも、寝るときも起きるときも、これを彼らに語りなさい」と言われました（申命記六・七）。いわば、自分の子どもたちに対して、いつでもどこでもみことばを語り、教えなさいということでした。

また、子どもたちだけでなく、自分たち自身も、みことばを忘れることがないよう、あらゆる工夫がなされるべきでした。「これをしるしとして自分の手に結び付け、記章として額の上に置きなさい。これをあなたの家の戸口の柱と門に書き記しなさい。」（申命記六・八、九）ユダヤ人はこれを文字通り実行しようとしました。申命記六・四、五その他を書き記したものを小箱に入れ、皮ひもにつけ、左腕に巻いたり、額につけたりします（テフィリン）。また、申命記六・四－九などのみことばを書いたものを小さな円筒形の容器に入れ、自分の家の門柱につけます（メズザー）。もちろん、ここで神様が仰りたいことは、そのような形をそのまま踏襲することではありません。それは、いつでもどこでも神のみことばを心に覚え、心に刻み込むようにして生きていきなさいということでした。

三、主を忘れるな

続いて語られたのは、約束の地に足を踏み入れた後に関することでした。その地は「乳と蜜が流れる地」と言われるように（民数記一四・八）、農産物の豊かな地。戦いの時期が過ぎ、その地の農産物を収穫するようになれば、その豊かさに満ち足りるようになることは神様の約束でもありました。問題はその時でした。

それであなたは、食べて満ち足りるとき、気をつけて、エジプトの地、奴隷の家からあなたを導き出された**主**を忘れないようにしなさい。（申命記六・一一、一二）

「主を忘れる」……そんなことがあり得るでしょうか。エジプトで奴隷状態であった彼らを、神様は救い出してくださいました。そんな神様を忘れることはあり得ないと、その時は思われたかもしれません。しかし、神様は人の弱さをよくご存じでした。時が過ぎ、環境が変わり、いろいろな経験を重ねる中で、忘れるはずのない神様の恵みを忘れることもあり得るとご存じでした。

罪と滅びに向かっていた中から、神様のあわれみにより救い出された私たちも、心して聞かなければなりません。「主を忘れないようにしなさい。」

四、惑わされるな

続いてもう一つの警告が語られました。

ほかの神々に、すなわち、あなたがたの周りにいる諸国の民の神々に従って行ってはならない。あなたのうちにおられるあなたの神、主はねたみの神であるから、あなたの神、主の怒りがあなたに向かって燃え上がり、主があなたを大地の面から根絶やしにされることのないようにしなさい。（申命記六・一四、一五）

その地に住む民は、様々な神々への信仰を持っていました。その地の神々に従ってはならない、そのような信仰に惑わされてはならないということでした。

「ねたみの神」とは、十戒の中にも見られる表現です（申命記五・九）。神の愛は一途であって、民がご自分以外のものに近づき、信頼を寄せ、従うことについては、ねたまざるを得ません。神様にだけ向けられるべき愛と忠誠が、他の神々に向けられてはならない、あるいは他のどんな対象にも向けられてはならない……世に生きる私たちへのメッセージでもあるでしょう。

繰り返されているだけに見えるみことばの背後に、どれほどの神の愛が隠されているかを覚え、私たちも神様を愛して生きてまいりましょう。

◇聖書の教えが同じことの繰り返しのように聞こえたことがありますか。

◇イエス様が最も大切な戒めについて尋ねられたとき、申命記六・五を挙げられたことを確認しましょう。(マタイ二二・三六－三八)

◇今回学んだことを心に覚えるため、どんな工夫ができるでしょうか。

第39回　聖なる民、宝の民

申命記七・一―一一

神様はモーセを通して、イスラエルの民が約束の地に入るに当たって、注意深くあるべきことを教えられます。その命令は、一見厳しすぎるように見えるほどですが、その背後には民に対する神様の並々ならない思いがあります。それは、現代の信仰者に対する神様の御思いでもあります。

一、聖絶の命令

神様はイスラエルの民を約束の地に導き入れるにあたり、その地には多くの異邦の民がいることを示されます。そして、彼らを追い払うことを約束されます（申命記七・一）。その際、イスラエルの民が必ずなすべきことを命じられます。

あなたの神、**主**が彼らをあなたに渡し、あなたがこれを討つとき、あなたは彼らを必ず聖絶しな

ければならない。彼らと何の契約も結んではならない。また、彼らにあわれみを示してはならない。（申命記七・二）

「聖絶する」と訳されたことばは、他の翻訳では「滅ぼし尽くす」等と訳されています（協会共同訳）。これは、現代人にとって戸惑いを与える命令でしょう。信仰者であっても、これを現代、どのように受け止めたらよいかと考えるかもしれません。

おそらく、この命令はこの時、イスラエルの民に特別に与えられた命令と考えるのがよいでしょう。イスラエルの民の歴史の中でも、一つの民を滅ぼし尽くすよう命じられているのは、その民が極度の罪悪を行い、神様がその民を滅ぼすことを決意された時だけです。以前にも見たように、この時代、その地に住む民は偶像礼拝や性的堕落がひどく、神様は彼らを滅びし尽くすことを決意されました。このご命令の背後にはそのような神様の決意がありました。

それとともに、この命令はイスラエルの民をもろもろの罪悪から守るためでもありました。続く命令では、「彼らと姻戚関係に入ってはならない」とも言われます。その理由は、「彼らはあなたの息子を私から引き離し、ほかの神々に仕えさせ、こうして**主**の怒りがあなたがたに向かって燃え上がって、あなたをただちに根絶やしにするからである」と説明されます（申命記七・三、四）。つまり、彼らの影響を受けて、イスラエルの民がいまわしい罪悪に陥り、イスラエルの民までもが神様の御怒りの対象となってしまうことがないように、ということでした。従って、続くことばの中では「彼らの祭壇を打ち壊し、石の柱を打ち砕き、彼らのアシェラ像を切り倒し、彼らの彫像を火で焼かなければならない」とも命じられています（申命記七・五）。そのようなものを残しておくと、彼らもまた偶像礼拝に巻き込まれる危険性が生まれてしまうからでした。

この時の神のご命令は、特殊な状況の中での特別な命令です。同じような命令を新約聖書中に見出すことはできません。ですから、このような命令をそのまま現代の私たちの生活にあてはめることは避けるべきです。たとえば今、私たちの周囲に、偶像があったとしても、それが人の所有物であるなら、それらを勝手に破壊することを願っておられるわけではありません。ましてや偶像礼拝をするからと言って人々を傷つけることは絶対に許されることではありません。

しかし、このご命令に神様の強い意志が示されていることは間違いありません。「あなたがたは偶像礼拝や姦淫の罪に陥ってはならない、周囲にそのようなものが満ちあふれていたとしても、それらに巻き込まれてはならない、それらの生き方からは一線を引いて、それらがあなたがたの生き方の中に入り込まないようにしなさい」という、神様からの明確な御心をしっかり受け止める必要があります。

二、聖なる民、宝の民

神様がそのように一見厳しすぎると思えるほどの命令を与えられた背後には、イスラエルの民に対する神様の並々ならない御思いがありました。

あなたは、あなたの神、**主**の聖なる民だからである。あなたの神、**主**は地の面のあらゆる民の中からあなたを選んで、ご自分の宝の民とされた。（申命記七・六）

「聖なる民」とは、他の民とは区別された特別な民だということでした。また、「宝の民」という表現には、神様にとってこの民がかけがえのない存在であり、何としてもこの民を守りたいという神様の願いが込められています。

しかし、このような御思いは、当時のイスラエルの民だけに向けられたのではありません。現代に生きる信仰者に対しても、神様は次のように語られます。「あなたがたは選ばれた種族、王である祭司、聖なる国民、神のものとされた民です。それは、あなたがたを闇の中から、ご自分の驚くべき光の中に召してくださった方の栄誉を、あなたがたが告げ知らせるためです。」（Ⅰペテロ二・九）かつては闇の中を歩んでいたとしても、キリストに対する信仰により罪洗われ、神の光の中で歩んでいるお互いは、神様から特別な民、何としても守りたい、かけがえのない者たちとされていることを覚えましょう。

三、愛と真実のゆえに

イスラエルの民が「聖なる民」、「宝の民」と呼ばれたのは、彼らが何か偉大な者たちだったからでしょうか。そうではありませんでした。

主があなたがたを慕い、あなたがたを選ばれたのは、あなたがたがどの民よりも数が多かったからではない。事実あなたがたは、あらゆる民のうちで最も数が少なかった。しかし、**主**があなたがたを愛されたから、またあなたがたの父祖たちに誓った誓いを守られたから、**主**は力強い御手をもってあなたがたを導き出し、奴隷の家から、エジプトの王ファラオの手からあなたを贖い出されたのである。(申命記七・七、八)

彼らは小さな民でしかありませんでした。ただ一方的な愛のゆえに、また、彼らの父祖たちに与えた約束に忠実であろうとして、神様は彼らをエジプトから救い出し、ご自分の選びの民とされました。この点もまた、現代の信仰者にとって同様です(エペソ二・四、五、ガラテヤ三・一四)。

四、主だけが神

あなたは、あなたの神、**主**だけが神であることをよく知らなければならない。主は信頼すべき神であり、ご自分を愛し、ご自分の命令を守る者には恵みの契約を千代までも守られる。

（申命記七・九）

神の愛とあわれみ、またご真実が示された今、彼らもまたこのお方に真実な応答をなすべきでした。「あなたの神、主（ヤハウェ）だけが神」とは、世に神と呼ばれるものが沢山あることを無視しているわけではありません。真実な愛をもってどこまでも導こうとしておられる神様、あなたがたが心からの信頼を寄せることのできる「信頼すべき神」は、このお方だけだということです。そのことを覚え、このお方の愛に真心込めて応答するよう招いておられます。

世には、神の御心を痛める罪悪が満ちています。かつては私たちもその中に生きる者の一人であったかもしれません。しかし、神様はひとり子イエス様をお遣わしくださり、十字架の死と復活によって私たちをお救いくださいました。そのようにして私たちをご自分のもとへと引き寄せてくださった神様に、私たちも真実込めてお従いしてまいりましょう。

◇悪い生き方に影響されそうになったことがありますか。

◇イスラエルの民に「聖なる民」、「宝の民」と語りかけられたのは、これが初めてでないことを確認しましょう（出エジプト記一九・五、六）。

◇神様の大きな愛を覚えるとき、どんな生き方をしたいですか。

第40回　主を心に据えなさい　申命記八・一―一八

振り返れば、過去四〇年間の荒野での旅路がありました。将来を思えば、約束の地での生活が間もなく始まろうとしています。この時、神様はモーセを通して忠告を与えられます。それは一言で言えば、「**主**を心に据えなさい」ということでした（申命記八・一八）。

一、荒野での訓練

神様は「あなたの神、**主**がこの四十年の間、荒野であなたを歩ませられたすべての道を覚えていなければならない」と言われます。それは訓練とテストの期間であったと言えるでしょう（申命記八・二）。

それで主はあなたを苦しめ、飢えさせて、あなたも知らず、あなたの父祖たちも知らなかったマナを食べさせてくださった。それは、人はパンだけで生きるのではなく、人は**主**の御口から出るすべてのことばで生きるということを、あなたに分からせるためであった。この四十年の間、あなたの衣服はすり切れず、あなたの足は腫れなかった。あなたは、人がその子を訓練するように、あなたの神、**主**があなたを訓練されることを知らなければならない。（申命記八・三－五）

荒野での旅は、当然のことながら、物質的な豊かさとは無縁の日々でした。しかし、その中でも必要な食料が備えられました。マナという不思議な食物が来る日も来る日も備えられました。また、普通であれば衣服も年月とともに擦り切れて、使い物にならなくなるところですが、不思議にすり切れず、四十年間、服も靴も使い続けることができました。

この期間について、神様が指摘されたのは、それが彼らへの訓練であったということでした。「人はパンだけで生きるのではなく、人は**主**の御口から出るすべてのことばで生きるということを、あなたに分からせるため」と言われました。確かに人はパン（食料）なしでは生きていけません。しかし、不自由な中に食料が与えられ続ける経験を通して、自分たちを養っているのは食料ではなく、約束通り食料を備えてくださる神様だと知ることができました。自分たちはパンだけで生きている存在ではなく、主のみことばの約束によって生きている存在なのだということが、体にたたき込まれる期間でした。

親は子どもを訓練します。時にはそのために子どもに不自由な経験をさせることもあります。しかし、それは子どもが憎くてそうするわけではありません。不自由さの中に、大切なことをつかみ取ってほしいと願うからです。神様が愛の故に、不自由さを与え、苦しみさえ与えることもある、しかし、それは神様の訓練であって、神の愛のゆえなのだと知ること……それが荒野の旅路の目的でもありました。

二、豊かさの中での忠告

他方、彼らの将来には約束の地での豊かな生活が待っていました。豊かな水は、多種多様な農産物の収穫を約束していました。小麦、大麦、ぶどう、いちじく、ざくろ、オリーブ油、蜜……。これらは今でもイスラエルで豊かに収穫される農産物です。「そこは、あなたが不自由なくパンを食べ、何一つ足りないものがない地」とさえ言われます（申命記八・九）。

そのような豊かさを享受するとき、彼らはその豊かさをどのように受け取ることになるでしょうか。荒野で苦しい目にあったのだから、この地での豊かさを享受することは自分たちの特権だと、当時の民は考えたかもしれません。しかし、そのような豊かさの中でも、神様が彼らに学び取ってほしいこと、覚えていてほしいことがありました。

あなたが食べて満ち足り、立派な家を建てて住み、あなたの牛や羊の群れが増え、銀や金が増し、あなたの所有物がみな豊かになって、あなたの心が高ぶり、あなたの神、**主**を忘れることがないように。(申命記八・一二－一四)

まず警告されたのは、「忘れることがないように」ということでした(申命記八・一一、一四)。物質的な豊かさの中で、神様を忘れることがないようにということでした。加えて警告されたのは、「高ぶり」でした(申命記八・一四)。「あなたは心のうちで、『私の力、私の手の力がこの富を築き上げたのだ』と言わないように気をつけなさい」と言われました(申命記八・一七)。すべては神様が備えてくださったもので、神様が愛と力をもって備えてくださったものについて、自分の力で獲得したかのように思いあがってはならない、ということでした。

三、主を心に据えなさい

結論的に神様はこう命じられました。

あなたの神、主を心に据えなさい。主があなたに富を築き上げる力を与えるのは、あなたの父祖たちに誓った契約を今日のように果たされるためである。（申命記八・一八）

すべては神様が真実をもって彼らを扱ってくださったゆえだということです。荒野での四十年間を守り支えたのも神様の真実でした。約束の地に入り、その豊かさを享受するようになることも、神様のご真実のゆえでした。ですから、「あなたの神、主を心に据えなさい。」神様を心の周辺部分に置いておくというのではありません。どんなことがあっても揺るがない心で、神様を心のまん中に据えること……これが神様の望んでおられることでした。

キリスト教の結婚式では、「幸いな時も悩みの時も、富める時も貧しい時も、健やかな時も病める時も、あなたを愛し、あなたを守り……」と誓約をします。神様は私たちの順境の時も逆境の時も、私たちを愛し、守ってくださるお方。そのような神様のご真実を覚えるとき、私たちも真実をもって神様を愛し、お従いしてまいりましょう。

◇これまでの自分の人生を振り返って、順境のとき、逆境のとき、どちらが多かったと思いますか。
◇約束の地で食べて満ち足りたとき、まず何をするよう神様は命じられましたか（申命記八・一〇）。
◇これから神様に対してどのような態度を示していきたいですか。

第41回　いのちを選びなさい　申命記三〇・一－四、一五－二〇

約束の地を前に、モーセを通して神の戒めが再び語られました。多くの戒めが語られた後、結論部分へと進みます。この時、民が聞くべき神様からのメッセージは何だったでしょうか。

一、祝福とのろい

私があなたの前に置いた祝福とのろい……（申命記三〇・一）

神様が最後に語られたのは、民に対して「祝福とのろい」、二つの道を置くということでした。一つは祝福の道でした。「もし、あなたが、あなたの神、**主**の御声に確かに聞き従い、私が今日あなたに命じる主のすべての命令を守り行うなら、あなたの神、**主**は、地のすべての国々の上にあなたを高く上げられる。あなたが、あなたの神、**主**の御声に聞き従うので、次のすべての祝福があなたに

臨み、あなたについて行く。」（申命記二八・一、二）町にあっても野にあっても祝福は備えられます。家庭や経済、敵との戦い、あらゆる面での祝福を約束されます。

もう一つはのろいの道です。「しかし、もしあなたの神、主の御声に聞き従わず、私が今日あなたに命じる、主のすべての命令と掟を守り行わないなら、次のすべてののろいがあなたに臨み、あなたをとらえる。」（申命記二八・一五）町にあっても野にあってものろいが備えられます。家庭や経済、健康、敵との戦い、あらゆる面でののろいが備えられます。

御声に聞き従うか否か、語られた命令を守り行うか否か、それによってこの二つの道のいずれに進むか決まるのだ、と語られます。

二、主に立ち返るなら

このように、祝福とのろい、二つの道を示しながらも、神様は彼らが愚かしくものろいの道に進みやすい者であることを先刻ご存じでした。実際、イスラエルの民の歴史は、のろいの道に繰り返し陥る歴史でした。最終的には他国に攻められ、国は滅び、民は捕囚として異国に捕え移されていくことになります。

しかし、そのようなことさえあらかじめ見抜いておられる神様は、そのようになっても、回復の道が備えられていることを告げられます。

私があなたの前に置いた祝福とのろい、これらすべてのことがあなたに臨み、あなたの神、**主**があなたをそこへ追い散らしたすべての国々の中で、あなたが我に返り、あなたの神、**主**に立ち返り、私が今日あなたに命じるとおりに、あなたも、あなたの子どもたちも、心を尽くし、いのちを尽くし、御声に聞き従うなら、あなたの神、**主**はあなたを元どおりにし、あなたをあわれみ、あなたの神、**主**があなたを散らした先の、あらゆる民の中から、再びあなたを集められる。

（申命記三〇・一―三）

イスラエルの民の歴史はまだ始まったばかりです。民に律法が語られ、これからいよいよ約束の地での生活が始まろうとします。戒めが与えられ、祝福とのろい、二つの道が明確に示されたならば、当然、祝福の道を選び取るだろうと思われます。しかし、実際にはその道を歩む時よりもそうでなかった時のほうが多い…それがイスラエルの民の実際の歴史でした。しかし、神様はそのすべてをご存じの上で、この段階で既に回復の道を備え、示されました。

三、心の割礼

しかも、備えられる回復は、単に約束の地に戻されること以上のものでした。

あなたの神、**主**は、あなたの心と、あなたの子孫の心に割礼を施し、あなたが心を尽くし、いのちを尽くして、あなたの神、**主**を愛し、そうしてあなたが生きるようにされる。

（申命記三〇・六）

心が変えられなければ、人間は同じことを繰り返してしまうでしょう。しかし、神様は心の変革の道さえ備えられます。このことは、やがて現わされるメシア、イエス様を信じる者に与えられる聖霊の働きの中で実現していきます（コロサイ二・一一、ローマ二・二九）。神様の回復の備えは、どこまでも広く、深いもの。愚かしく罪深い私たちにも届くところの備えであると確認しましょう。

四、いのちを選びなさい

申命記三〇章の最後では、これらのことが再び確認されます。「見よ、私は確かに今日あなたの前に、いのちと幸い、死とわざわいを置く。もしあなたが、私が今日あなたに命じる命令に聞き、あなたの神、**主**を愛し、主の道に歩み、主の命令と掟と定めを守るなら、あなたは生きて数を増やし、あなたの神、**主**は、あなたが入って行って所有しようとしている地で、あなたを祝福される。しかし、もしあなたが心を背け、聞き従わず、誘惑されてほかの神々を拝み、これに仕えるなら、今日、私はあなたがたに宣言する。あなたがたは必ず滅び失せる。あなたがたがヨルダン川を渡り、入って行って所有しようとしているその土地で、あなたの日々が長く続くことはない。」(申命記三〇・一五－一八)そして、ここでの結論は次のことばに集約されます。

私は今日、あなたがたに対して天と地を証人に立てる。私は、いのちと死、祝福とのろいをあなたの前に置く。あなたはいのちを選びなさい。(申命記三〇・一九)

ここに神様の心からの願いが明らかにされています。二つの道を置きながら、選んでほしいのはいのちの道、祝福の道です。神様は彼らにいのちを与え、祝福を与えたいと願っておられるということです。

確かに、民は多くの場合、この願いを裏切り続けます。最終的に国が滅び、捕囚の憂き目にさえ遭います。しかし、そこに至っても回復の道は備えられます。それは単に約束の地に帰ってくるというだけでなく、彼らの内側が変えられ、彼らが喜びのうちにいのちと祝福の道を歩み始めるという道です。そのことのために、神様はメシアを備え、聖霊を注がれます。それは、旧約聖書の中に徐々に明らかにされる神様の究極的な備えです。

私たちはこのような神様の愛とあわれみ、人知を越えた備えの中で、罪赦され、聖霊による変革をいただいて、いのちの道、祝福の道をたどる者とされています。神様から頂いた恵みの深さを覚えましょう。そして、備えられたいのちの道を、喜びをもって進んでまいりましょう。

◇山の分かれ道で、どちらに進んだらよいか迷ったことがありますか。

◇申命記三〇・一以降には、民が神に背き、国々に散らされ、遠くに追いやられる場合のことが記されていますが、イスラエルの民がやがて実際にそのような状況に置かれるようになることを確認しましょう（Ⅱ歴代誌三六・一一－二一）。

◇「いのちを選びなさい」との神の招きに、どうお応えしたいですか。

第42回　働きの継続　申命記三一・一－八

約束の地を前にしたモーセのことばが終わりに近づいていました。それは、モーセ自身の働きが終ろうとすることでもありました。この時を迎えることは、モーセにとっても民にとっても、小さなことではなかったでしょう。しかし、神の働きは継続されていかなければなりません。現代の教会にとっても、また私たち一人ひとりにとっても決して他人事ではない状況の中で、何が語られたかに注目しましょう。

一、ヨルダン川を渡ることはできない

この時、モーセはイスラエル全体に語りかけました。

彼らに向かって言った。「私は今日、百二十歳だ。もう出入りすることができない。**主**は私に『あ

なたはこのヨルダン川を渡ることはできない』と言われた。（略）」（申命記三一・二）

ファラオの前に立ったとき既に八〇歳だったモーセは（出エジプト記七・七）、この時一二〇歳になっていました。「もう出入りすることができない」とは、体力的に限界に達していたということでもあるでしょう。しかし、せめてヨルダン川を渡ることはできないのでしょうか。

神様からのみことばは明確でした。「あなたはこのヨルダン川を渡ることはできない。」これはかつてモーセが民の荒野の旅を導いていたとき、のどの渇きを訴える人々に神の栄光を示さなかったことによることでした（民数記二〇・一二）。モーセはそのような神の御心を示されつつも、いざ約束の地を目の前に見たとき、ヨルダン川を渡らせてほしいと願いました。しかし、神様のみことばは厳しいものでした。「もう十分だ。このことについて二度とわたしに語ってはならない。」（申命記三・二六）

四十年もの間、エジプトの地からシナイ山、荒野へと続く旅を導いてきたモーセです。約束の地を前にして自らその地に足を踏み入れることができないとは、彼としても残念でならなかったことでしょう。自分の軽はずみな行動をどれ程悔いたか分かりません。しかし、一度神がお決めになったこと、ヨルダン川を渡ることができないことは、もはや決定事項でした。

私たちも、ある期間、神の働きの一端を担わせていただいたとしても、「あなたはここまで」と告げられる時が来ます。働きが少しずつ減少して、やがて終わりを迎えることもあるでしょう。時には何らかの事情のため、突然のように働きが終ることもあるかもしれません。いずれにしても、私たちの働きが無限に続くわけではないことは万人に共通の決定事項です。その時を迎えたならば、私たちは潔くその事態を受け入れて行かなければなりません。

二、主ご自身があなたに先立って

他方、イスラエルの民にとっても、この時、モーセが一緒にヨルダン川を渡ってくれないことは、心細さを感じさせられることでした。しかし、モーセは主からの言葉を告げます。

あなたの神、主ご自身があなたに先立って渡って行き、この方があなたの前からこれらの国々を根絶やしにされ、あなたはこれらを占領する。（申命記三一・三）

「主ご自身があなたに先立って渡って行き」……これがモーセのことばの中心点でした。モーセはヨルダン川を渡りません。しかし、主ご自身が彼らに先立ってヨルダン川を渡って行かれる……これは民にとって大きな励ましのことばでした。

ヨルダン川を渡れば、そこには戦いも待ち受けています。しかし、続くことばもまた励ましに満ちていました。「強くあれ。雄々しくあれ。彼らを恐れてはならない。おののいてはならない。あなたの神、主ご自身があなたと共に進まれるからだ。主はあなたを見放さず、あなたを見捨てない。」（申命記三一・六）

モーセが彼らのそばにおり続けることはできないことでした。しかし、「主ご自身があなたとともに進まれる。」このことを覚え、勇気を出し、心を強くして、ヨルダン川を渡っていくべきでした。私たちもまた、長らく自分たちを導いてきた指導者が自分たちのもとから去る時が来るのをしばしば経験します。心細さはあったとしても、永遠に共にいます主なる神様を見上げ、心を強くして進まなければならないことがあります。

三、働き人の備え

主ご自身が民とともに進まれるとはいえ、モーセに代わる指導者が備えられていない訳ではありませんでした。モーセを引き継いで民の指導者となるべき人物はヨシュアでした。そのことは、これまでも機会あるごとに示されてきました（申命記一・三八、三・二八）。しかし、モーセはここで改めてヨシュアを呼び寄せ、全イスラエルの目の前でヨシュアに語りかけます。

それからモーセはヨシュアを呼び寄せ、全イスラエルの目の前で彼に言った。「強くあれ。雄々しくあれ。**主**がこの民の父祖たちに与えると誓われた地に、彼らとともに入るのはあなたであり、それを彼らに受け継がせるのもあなたである。**主**ご自身があなたに先立って進まれる。主があなたとともにおられる。主はあなたを見放さず、あなたを見捨てない。恐れてはならない。おののいてはならない。」（申命記三一・七、八）

「**主**がこの民の父祖たちに与えると誓われた地に、彼らとともに入るのはあなた」、「それを彼らに受け継がせるのもあなた」と、ヨシュアの使命が明確に告げられます。モーセの従者と呼ばれ（出エジプト記二四・一三）、終始モーセと行動を共にしてきたヨシュアです。しかし、モーセ亡き後、男性だけで六十万人という民を約束の地に導き入れる働きはさすがに荷が重かったに違いありません。しかし、「強くあれ。雄々しくあれ。」「**主**ご自身があなたに先立って進まれる。主があなたとともにおられる。主はあなたを見放さず、あなたを見捨てない。恐れてはならない。おののいてはならない。」先に民に対して語られたことばとほぼ同じことばで、神様はヨシュアをも励ましておられます。働き人を備えてくださるのは主なる神様ご自身です。人を育て、訓練し、やがて時が来たとき、召命のことばを与え、同時に励ましのことばをも与えて、働きに立たせてくださるのは主なる神様です。神様がご自分の働きを放棄なさらない以上、必要な時に必要な働き人を神様は備えてくださいます。私たちは先立ち、伴ってくださる主を見上げつつ、信頼をもってお従いしてまいりましょう。

◇長らく指導者であった方が働きを終えることになり、心細さを感じたことがありますか。

◇モーセを通してこの時ヨシュアに語られたことばは、モーセが死んだ後、神ご自身から再度同じように語られていることを確認しましょう（ヨシュア記一・五、六、九）。

◇神の働きの継続に関して、今回教えられたことは何ですか

第43回　永遠の神

申命記三三・二六－二九

死を前にしたモーセは、十二の部族、一つひとつに対して祝福のことばを語っていきます（申命記三三・一）。一通り各部族に対することばを語った後、最後にイスラエル全体に呼びかけます。モーセの最後のことばと言ってもよいこれらのことばは、神への賛美と感謝にあふれています。この箇所から私たちも神様がどんな方であるかを思い起こすことができます。

一、並ぶ者のない神

エシュルンよ、神に並ぶ者はほかにない。（申命記三三・二六）

「エシュルン」とは、イスラエルに対する詩的な呼び名です。イスラエルをここまで導いてこられた神の御姿を思い起こすとき、モーセは「神に並ぶ者はほかにない」と思わずにはおれませんでした。

エジプトで苦しみの中にあった人々の叫びを聞いてくださった神様。十の災いをもってエジプトからの脱出を成し遂げてくださった神様。追い迫るエジプト軍から救うため、海を二つに分け、海底を歩いて渡らせてくださった神様。荒野での旅を守り、日々の食料を与え、あらゆる災いから守られた神様。律法を与え、ご自分の御心を示し、神と共に歩む幸いな日々へと招いてくださった神様。このような神様を思うとき、「神に並ぶ者はほかにない」と言わざるを得ませんでした。

二、永遠の神

神はあなたを助けるため天に乗り、威光のうちに雲に乗られる。いにしえよりの神は、住まう家。下には永遠の腕がある。（申命記三三・二六、二七）

モーセは特に、神様がいつもイスラエルの民を守り支えて来られたことを思い起こしています。助けが必要なときは、天に乗り、雲に乗るようにして、速やかな助けを与えてくださる神様を、モーセはまざまざと思い起こすことができました。「もうだめだ」と思ったとき、その助けの手がきちんと間に合って差し伸べられました。

エジプト脱出直後、エジプト軍が追い迫った時もそうでした。彼らは「もうだめだ」と考え、「荒野で死なせるために、あなたはわれわれを連れて来たのか」とモーセに詰め寄りました。しかし、モーセは「今日あなたがたのために行われる**主**の救いを見なさい」と言いました。神様の臨在の雲が、追い迫るエジプト軍と彼らの間に立ちました。モーセが杖を伸ばしたとき、海は二つに分かれ、彼らは乾いた海底を渡ることができました（出エジプト記一四・一〇－三一）。

この時から始まって、彼らは同様の神の助けと救いを何度も経験してきました。彼らはこのような恵みの数々を思い起こすとき、この守りは永遠のものだと思わずにはおれませんでした。

「いにしえよりの神は、住まう家。下には永遠の腕がある。」永遠の神がいつも避け所となってくださり、隠れ家となってくださる。「もうだめだ」と思われるとき、その場に倒れ伏してしまうように思われるときも、下から永遠の腕をもって支えてくださる。その確信をもって、この時、モーセは神様を見上げることができました。

三、いのちを育む神

こうしてイスラエルは安らかに住まい、ヤコブの泉だけが穀物と新しいぶどう酒の地を満たす。
天も露を滴らす。（申命記三三・二八）

神様はまた荒野において彼らのいのちを守り支え、育んでくださいました。「乳と蜜の流れる地」に入るのは、これからのことでした。その時になれば、豊かな産物をもって彼らを満たそうと待ち構えてくださっていました（申命記三三・一三－一六）。しかし、既に荒野での旅の間にも、神様は彼らのいのちを守り支えてくださっていました。どこから食事や水が与えられるだろうかという荒野にあって、神様は彼らに日々マナを与え、うずらの肉を与え、水を与えてくださいました。彼らのいのちを守り育む神様の御手を彼らは経験済みでした。

いのちの源であられる神様は、私たちの肉体的いのちばかりではありません、霊的ないのちも日々守り支え、育んでくださいます。

四、勝利を与える神

主はあなたを助ける盾、あなたの勝利の剣。敵はあなたに屈し、あなたは彼らの背を踏みつける。

（申命記三三・二九）

荒野の旅は、周辺民族からの攻撃にさらされる旅でもありました。望まない戦いに直面させられることも度々ありました。しかし、神様は彼らに勝利を与えられました（出エジプト記一七・一三等）。神様は彼らを助ける盾であり、彼らの勝利の剣でした。

今、私たちの住む国には、平和が維持され、戦いに巻き込まれるには至っていません。しかし、信仰者である限り、霊的な戦いを避けることができません（エペソ六・一二）。敵の誘惑は執拗であり、巧妙でもあります。敵の圧倒的な力を見て、心ひるむことさえあるかもしれません。しかし、神様が私たちの盾となり、勝利の剣となってくださいます。「信仰の盾」を手に取り、「御霊の剣、すなわち神のことば」を握って、戦いに挑むことができますし、神様は私たちに勝利を与えてくださいます。

あらゆる困難の中でも、この神様を見上げるとき、私たちは勇気をもって立ち上がることができます。暗がりの中を進むようであっても、前に一歩足を踏み出すことができます。

ヨルダン川を渡ろうとするイスラエルの民同様、私たちもこの神様を見上げ、信仰の旅路を前進させていただきましょう。

◇過去を振り返り、神様の守りや助けを思い起こす機会がありますか。
◇モーセは「幸いなイスラエルよ」と呼びかけています（申命記三三・二九）。今回のモーセのことばの中から、イスラエルの幸いを挙げてみましょう。
◇今回のモーセのことばの中に、自分も同じ神様を見上げていると感じる部分がありますか。

あとがき

二〇二一年四月、大久保めぐみ教会に赴任して以来、二〇二三年八月まで、43回にわたる連続講解説教の説教要旨をもとに書籍化したのが本書です。

これらの説教要旨は、礼拝後に持たれる中高生会のクラス準備の参考となるようにと、中高科教師たちのために作成したものです。（このため、説教がなされる一週間前には作成して、教師方に送付しました。）同時に、礼拝出席者の中で希望する方には持ち帰って頂けるようにいくらか印刷するようにしました。最終的には半分位の方が持ち帰ってくださるようになり、現在にまで至っています。何度も読み返して、メッセージを味わってくださっている方もあるようで、うれしく思っています。

各回の最後には三つの質問を付けています。もともとは中高科のクラス準備の参考になるようにと付けてきたものです。本書をグループでの聖書の学びに用いてくださる場合には、これらの質問に基づいてお互いの思いや考えを分かち合っていただくとよいと思います。

私自身、出エジプト記から申命記までの連続講解説教は初めてのことでした。学びながら語り、語りながら聖書のメッセージを受け取り直す……そんなことの繰り返しでした。説教準備は苦闘の連続でもありますが、同時に宝箱を探すようなワクワクするひと時でもあることを改めて実感しました。

聖書から受け取らせていただいた神様からのメッセージが、読者の皆様にいくらかでも伝わり、信仰の歩みを励ますものとなりますようにお祈りしています。

二〇二四年五月

長田栄一

著者略歴：
長田栄一（ながた・えいいち）

1965年兵庫県柏原町生まれ。クリスチャン家庭に生まれ、1980年洗礼を受ける。京都大学理学部、関西聖書神学校卒。1993年日本イエス・キリスト教団の教職者となり、川本教会、明石人丸教会（副牧師）、函館中央教会、神戸聖泉教会、堺栄光教会、教団事務所（事務局）、神戸大石教会において奉仕。現在、日本イエス・キリスト教団大久保めぐみ教会牧師及び姫路城北教会の牧師。

主な著書：『旧約聖書の世界 ── そのゆたかなメッセージに聴く』（2020）、『**新約聖書の世界** ── 愛と真理の言葉に聴く』（2022）、『**神と共に生きる** ── 聖書の基本が分かる十七話』（2024、以上ヨベル）

聖なる民、宝の民 ── 出エジプト記～申命記講解

2024年11月15日 初版発行

著　者 ── 長田栄一

発行者 ── 安田正人

発行所 ── 株式会社ヨベル　YOBEL, Inc.

〒113-0033 東京都文京区本郷4-1-1　菊花ビル5F
TEL03-3818-4851　FAX03-3818-4858
e-mail : info@yobel. co. jp

装丁者 ── ロゴスデザイン：長尾優

印刷所 ── 中央精版印刷株式会社

配給元─日本キリスト教書販売株式会社（日キ販）
〒112-0014　東京都文京区関口1-44-4 宗屋関口ビル
Tel 03-3260-5670　Fax 03-3260-5637

ISBN978-4-911054-41-3 C0016

聖書は、新改訳聖書2017（新日本聖書刊行会発行）を使用しています。

【書評再録・本のひろば　2024年8月号】

広大な「聖書の森」を貫く道、「神と共に生きる」で提示

長田栄一『神と共に生きる――聖書の基本がわかる十七話』

（四六判・一三六頁・定価一五四〇円税込）

評者：鎌野善三

親しい間柄の長田先生の著書を読ませていただきました。一読して、聖書の中心的メッセージがよくわかりました。あの分厚い聖書を、よくもまあ、128頁の小さな本にまとめられたものだと、驚いたことです。広大な「聖書の森」を貫く一本の細い道が分かりやすく記されています。信仰歴の長い方は「なるほど、聖書全体がつながっているのだ」と膝をたたき、教会に来て間もない方は「この道にそって聖書を読めば難しくない」と安心されるに違いありません。

「聖書の基本がわかる十七話」という副題でわかるように、旧約聖書から四話、福音書から八話、使徒の働きから二話、書簡から二話、そして黙示録からの一話で完結します。これらはすべて、「神と共に

生きる」というテーマで貫かれています。この十七話をできるだけ短くまとめてみましょう。

神が人間を創造されたのは、彼らが「神と共に生きる」ためだった。十戒は「神と共に生きる」ためのガイドラインだったが、人間はこれを守らなかった。そんな人間を回復させるために、神は「不思議な男の子」と預言されたお方を地上に遣わされた（以上、旧約聖書）。この方こそ、「ひとり子の神」なるイエスであり、人間と共に生きたいという神の願いを実現される方だった。この方は、「私たちを愛し、私たちと共にありたい、私たちにご自分を現したいと願っておられる」（43頁）。この方の愛にとどまるなら、私たちの生涯は豊かな実を結ぶことになる。福音書はこの方のことばと行いを記録し、特にその十字架と復活によって罪の贖いが完成したことを宣言する。昇天によって肉眼では主を見ることができなくなったが、「世の終わりまで、いつもあなたがたとともにいます」という約束が残された（以上福音書）。その約束の成就として聖霊が与えられ、神に対する悔い改めと主イエスに対する信仰を告白するなら、だれでも神と共に生きる新しい生涯を始めることができる（以上使徒の働き）。これらの人々の集まりが教会であり、「他の信仰者と共に生きていく」（107頁）ことによってキリストのからだが形成され、神の臨在が現わされる「神の御住まい」となる。神との隔てなき交わりと信者同士の交わりによって、光の中を歩む日々が実現する（以上書簡）。やがてキリストが再び来られるとき、「神は人々とともに住み、人々は神の民となる」新しい天と地とが出現し、神のご計画は完成する（以上黙示録）。

聖書の森には何千本という木々が茂っており、どの木にも深い意味があるのですが、そこには深入りせず、「神と共に生きる」という一本道をたどっていく著者の意図は明確です。「できるだけ分かりやすく、しかし、できるだけ聖書の内容をありのままにお伝えしたい」（4頁）という願いは見事に実現しています。

最後に、著者の人となりが表れている三つの点を記してみましょう。

1 **純粋な信仰**　著者は牧師家庭に生まれ、幼いころから両親や教会員の祈りに支えられて成長してきました。そのことが、聖書全体を「神のことば」と受けとめる純粋な信仰を養ってきたのでしょう。「神と共に生きる」ことが、著者の生活に表れているように思われます。

2 **分かりやすい例話**　難しい話はあえて持ち出さないで、新島襄の言葉、ゴーギャンの絵、映画『十戒』、水野源三の詩などの親しみやすい例話によって、聖書の真理を説明しています。できるだけ分かりやすくしようとする著者の気持ちが伝わります。

3 **実際の経験**　財布を忘れたこと、救いの証し、教会学校の生徒の話など、自分が経験したことを通して、現実に働いておられる神さまのみわざを描いています。教会に来て間もない方々にもきっと分かりやすいことでしょう。

（かまの・よしみ＝西宮聖愛教会牧師）

ヨベルの本（税込表示）

エーティンガー著　喜多村得也訳　聖なる哲学　キリスト教思想の精選集

ドイツ敬虔主義著作集　第8巻　信仰の根底は、神の言葉としての聖書！　18世紀ドイツを席巻した理性万能の諸哲学や観念論に敢然と立ち向かい、愚直なまでに聖書とその生命の御言葉に基づく哲学――〈聖なる哲学〉の探究に生涯をささげたF・C・エーティンガー。その希少な精選集であると共に、著者を長年私淑・研究してきたが自身の〈白鳥の歌〉ともなった記念碑的出版。

四六判上製・二八八頁・二二〇〇円　ISBN978-4-911054-07-9

日本基督教団 戸山教会牧師　西谷幸介著　「日本教」の極点　母子の情愛と日本人

「ヨイトマケの唄」を聴くと涙が止まらないのは、なぜ？　日本には、神道でも、仏教でも、キリスト教でもなく、「日本教」というただひとつの宗教が存在しているに過ぎないのか。人々の意識や宗教観に織り込まれた「母子の情愛」と、そこから見える日本社会の深層を、現代の一キリスト者である著書がたどる――。

改題改訂増補版！　新書判・二四〇頁・一四三〇円　ISBN978-4-909871-96-1

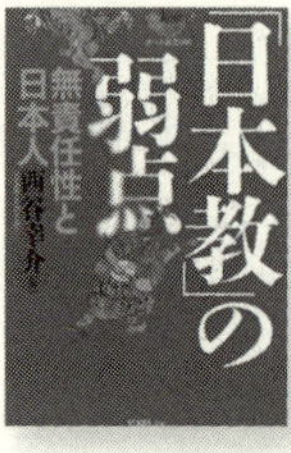

日本基督教団 戸山教会牧師　西谷幸介著　「日本教」の弱点　無責任性と日本人

幼児的依存を純粋に体現できる者こそ日本社会で頂点に立つ。最高権力者は言わば赤ん坊として全体を統治する。赤子たるものにどうして過重な責務を負わせたり、責任を問うたりできようか……。上から下までこの構造にまるごと収まっている「日本教」の弱さを正面から見すえ、私たちのとるべき生き方を指し示す慧眼の書。

新書判・二六四頁・一六五〇円　ISBN978-4-911054-25-3

info@yobel.co.jp　Fax 03-3818-4858　http://www.yobel.co.jp/

ヨベルの本（税込表示）

ヨーロッパ思想史　金子晴勇著　**東西の霊性思想**　**キリスト教と日本仏教との対話**

ルターと親鸞はなぜ、かくも似ているのか。キリスト者が禅に共感するのはなぜか。

「初めに神が……」で幕を開ける聖書。唯一信仰に生きるキリスト教と、そもそも神を定立しないところから人間を語り始める仏教との間に対話は存在するのか。多くのキリスト者を悩ませてきたこの難題に「霊性」という観点から相互理解と交流の可能性を探った渾身の書。

2版　四六判上製・二八〇頁・一九八〇円　ISBN978-4-909871-536-4

富田正樹著　**疑いながら信じてる50**　**新型キリスト教入門　その1**

私は疑いながら信じています。キリスト教を信じる人たち（クリスチャン）の中には疑いなど全く抱かずに、まるっきり無邪気に信じ込んでしまっている人がいます。それはそれで結構……どう展開する!?

どうぞ、「疑いながら信じる」ひとりのクリスチャンの頭の中へとお入りください。

2版　四六判・一九二頁・一五四〇円　ISBN978-4-909871-90-9

ルイ・ギグリオ著　田尻潤子訳　**「敵《ヤバイ奴》」に居場所を与えるな**　**あなたの人生を変える──詩編23編からの発見**

「死の影の谷」だけじゃない！　「あなたは敵の見ている前で、わたしのために食事を調え……」「そんなのムリ」「逃げ道はない」「あっちのほうがよかった」……こうした思いがあなたの「敵」ヤバイ奴（誘惑する者）なのだ！　主とあなたの食卓（食事の席）に「敵」を着かせてはならない。

四六判上製・二四六頁・一八七〇円　ISBN978-4-909871-41-1

info@yobel.co.jp　Fax 03-3818-4858　http://www.yobel.co.jp/

ヨベルの本（税込表示）

わたしはヨーロッパ思想史を研究しているうちに、そこには人間の自己理解の軌跡がつねにあって、豊かな成果が宝の山のように、つまり宝庫として残されていることに気づいた。その結果、思想史と人間学を結びつけて、人間特有の学問としての人間学を探究しはじめた。……歴史はこの助走路である。……人間が自己自身を反省する「人間の自覚史」も同様に人間学を考察する上で不可欠であって、哲学・道徳・宗教・文芸において豊かな宝の山となっている。わたしは哲学のみならず、宗教や文芸の中から宝物を探し出したい。（本書より）

岡山大学名誉教授

金子晴勇　キリスト教思想史の諸時代［全7巻別巻2］

反響！
全7巻別巻2完結！

Ⅰ　ヨーロッパ精神の源流［重版　ISBN978-4-909871-27-5］
Ⅱ　アウグスティヌスの思想世界［重版　ISBN978-4-909871-33-6］
Ⅲ　ヨーロッパ中世の思想家たち［在庫僅少　ISBN978-4-909871-34-3］
Ⅳ　エラスムスの教養世界［ISBN978-4-909871-35-0］
Ⅴ　ルターの思索［ISBN978-4-909871-36-7］
Ⅵ　宗教改革と近代思想［ISBN978-4-909871-37-4］
Ⅶ　現代思想との対決［ISBN978-4-909871-38-1］
別巻1　アウグスティヌスの霊性思想［ISBN978-4-909871-48-0］
別巻2　アウグスティヌス『三位一体論』の研究［ISBN978-4-909871-49-7］

各巻・新書判・平均２７２頁・１３２０円

info@yobel.co.jp　FAX03−3818−4858　http://www.yobel.co.jp/